AF429441

Jorge Morales-Franceschi

Desde mi blog

Jorge Morales-Franceschi

Dedicado a Jorge Amando Guittens "tío chombo". Gracias siempre por todo el apoyo que me brindaste.

Prologo

A lo largo de mi carrera como escritor, son muchas las opiniones beligerantes que he tenido sobre muchos temas, las cuales he tenido la oportunidad de plasmar a través de un sin número de artículos que he publicado. Soy consciente de que muchas de las opiniones que he expresado en un momento dado, han sido y serán anti populares, y lo entiendo pues cada persona tiene diferentes puntos de vista. Lo que para mí siempre ha sido total y completamente inaceptable: utilizar las tribunas que he tenido, para promover algún tipo de discurso de odio u obligar a alguien a que piense igual que yo.

En ese sentido, he procurado siempre ser cuidadoso en escoger las palabras que empleo, para evitar que algo en mi mensaje sea tergiversado, pues la intención jamás ha sido, ni lo será, buscar algún tipo de adoctrinamiento; sino más bien, fomentar el debate y el intercambio de diversos puntos de vista. Parte de vivir en una democracia, es ser consiente que todos somos iguales ante la ley, y que en el momento que algunos tienen ciertos privilegios o están por encima de las normas, es deber de todo ciudadano amante de la democracia, exigir igualdad de condiciones, aun cuando nos encontremos en espectros ideológicos opuestos.

Y pese a haber sido vilipendiado en redes sociales y en algunos círculos del mundo literario en un sin número de ocasiones; y algunas de mis obras han sido víctimas de la censura por mis posturas sobre ciertos temas, he tenido la gallardía de mantenerme siempre fiel a mis principios, pues desde pequeño se me inculco, que ante cualquier injusticia, es necesario alzar la voz en señal de protesta, así como siempre expresar mis ideas con respeto, pues solo podemos hacer de la sociedad un lugar mejor, si fomentamos la participación ciudadana en todos los ámbitos.

En este libro, hago una recopilación de algunos artículos de opinión que he tenido la oportunidad de publicar tanto en mi blog como en algunos diarios, desde el 2010 hasta principios del 2021. Temas que van desde la perspectiva nihilista y por momentos distópica de la sociedad, el amor, la política, matrimonio igualitario, eutanasia, etc...

Al final, el intercambio de ideas y el debate como sociedad, resulta enriquecedor a nivel cultural, o al menos lo siento así en mi caso particular, puesto que en estos años he tenido la oportunidad de conversar con muchas personas y aprender sobre diversos temas que desconocía, lo cual me ha brindado la oportunidad de formarme un criterio propio, que hoy tengo la oportunidad de compartir con ustedes, no para que piensen igual que yo, sino para despertar esa curiosidad sobre algún tema, y que usted como lector sea capaz de investigar más a fondo; escuche otros puntos de vista, y así forme su propio criterio.

Jorge Morales - Franceschi

Con tan solo un toque.

Publicado originalmente el 4 de marzo de 2010.

Como aquel muchacho que acaba de iniciar su 10 grado de bachiller en ciencias (conocido comúnmente como cuarto año) o como aquella emoción que siente una muchacha al ver su nombre y su cedula en la lista de estudiantes aceptados en la facultad de medicina, las cosas buenas siempre llegan a aquellos que saben esperar, y aunque todo sea oscuridad y no podamos ver las cosas claras, siempre hay una luz al final del túnel, siempre hay alguien especial en tu vida que con tan solo un toque, te hará ver las cosas más claras.

Me llamó poderosamente la atención el otro día transitando por una calle de la ciudad, a una señora le acababan de robar su bolso, la gente estaba muy consternada por lo que había pasado, los efectivos policiales llegaron de inmediato, y comenzaron a interrogar a algunos de los presentes con el objetivo de obtener alguna pista y dar con los asaltantes. Sin embargo, nadie vio nada, nadie es capaz de dar una seña particular de aquel antisocial, luego sigo caminando y escucho a un señor murmurar: "yo si vi quien fue, pero es mejor no meterse en eso, pues uno nunca sabe que represalias puedan tomar en contra de uno".

En qué punto de la vida hemos llegado que vivimos muy enfocados en nuestros problemas, que somos incapaces de brindar la mano a algún necesitad, obviamente, todos prefieren cuidarse las espaldas, no obstante, ¿en dónde queda la solidaridad humana, aquellas cosas que antes solían estar bien, porque ahora están mal? mucha de la calidad humana y los valores se han perdido, el consumismo y la monotonía han terminado carcomiendo los buenos valores y los principios que alguna vez tuvimos. Luego viene a un más a mi atención escuchar gente que dice, ¿Por qué me pasa esto Dios? ¿Por qué tengo tantos problemas? Pues es muy simple, no es posible esperar cosas buenas en la vida si un nunca has sido capaz de hacer alguna bueno y desinteresado por el prójimo, ahora bien, con este escrito no es mi intensión adoctrinar a nadie, pues pienso que para hacer el bien o el mal no es necesario pertenecer a una religión en específico, es simplemente algo que te nace y ya. He aquí la problemática de nuestra sociedad en Latinoamérica, se ha perdido cierta sensibilidad, esa calidez humana, en la manera que nosotros como ciudadanos, podemos empezar a crear conciencia, a ser un poco más sensibles ante el dolor y la pena ajena, seremos mejores personas, más y mejores cosas vendrán, quizás unos cuantos no podamos cambiar el mundo, pero al menos podemos hacer la diferencia y solo así podremos sentir ese toque de aquella persona especial en nuestra vida, sea un familiar, un amigo o una pareja, si podemos hacer la diferencia y tocar la vida de alguien, entonces podemos decir que hemos dejado una huella en el mundo.

Una vez alguien me dijo que para saber que dejaste tu huella en el mundo es necesario hacer tres cosas: plantar un árbol, tener un hijo y escribir un libro, sin embargo, tal vez con cosas acciones más pequeñas, como abrirle la puerta una persona o un simple "buenos días" o "buenas tardes" podemos estar seguros de que dejamos una huella en el mundo, que no pasamos desapercibidos.

El Gran valor de la Confianza y la Sinceridad.

Publicado originalmente el 23 de abril de 2014

Muy difícil es ganarse la confianza de una persona, el afecto que sentimos por alguien nos nubla el juicio y caemos en la tendencia a confiar ciegamente en personas que quizás no lo merezcan, es precisamente partiendo de esa premisa que viene a mi mente la gran duda ¿ porque resulta más simple mentir en vez de decir la verdad ?, no me malinterpreten, todos hemos mentido alguna vez, de hecho, no he conocido a alguien que pueda decirme que nunca ha dicho una mentira, en caso que me equivoque y si exista alguien, me gustaría conocerlo o conocerla.

Volviendo al tema, si se ha depositado toda la confianza en esa persona especial en tu vida, ya sea una amigo, pareja sentimental, compañero de trabajo, si el compás para decir las cosas que pasan ya fue abierto, resulta un tanto hilarante el mentir, digo, es entendible por temor a la reacción de una persona en determinada situación, pero no tiene sentido alguno decir una mentira cuando sabes que esa persona es comprensiva y sobre todo, te acepta, te respeta y te quiere tal cual eres, bueno, este es un caso excepcional, sabemos bien que en la mayoría de las veces, esto no ocurre.

El asunto se vuelve un poco más complejo cuando el mentir se vuelve un hábito, digamos de cada diez cosas, resulta que nueve son mentiras, y para colmo de males, mentiras que resultan demasiado fáciles descubrir, he aquí el porqué de la interrogante planteada al inicio, sí sé que me van a descubrir, ya no tiene sentido mentir, mejor y más fácil resulta ser sincero y apelar al corazón de la persona, si es alguien que te quiere de verdad, te sabrá perdonar y entender, ahora bien, es necesario aclarar que todo depende del escenario y las circunstancias, ya que muchas veces hay cosas que resultan un tanto difíciles de perdonar o incluso de olvidar.

Ser sincero, en un mundo donde la gente prefiere vivir en una mentira, en vez de afrontar las realidades, es aún más complejo que la misma mentira per se; es allí donde sea quizás entendible el porqué de las mentiras innecesarias, mentir resulta la escapatoria sencilla para afrontar los problemas, lastimosamente las personas no se dan cuenta en el momento (pues en la mayoría de los escenarios todo ocurre demasiado rápido, salvo que sea algo premeditado) que a futuro eso puede traer complicaciones, pues en muchos casos resulta de extrema ayuda una cadena de mentiras para poder mantener y dar una especia de "sentido" a la mentira original, bien lo dice el dicho popular: "para decir mentiras y comer pescado, hay que tener mucho cuidado".

Hay que tener cuidado precisamente, por el hecho que son mentiras que eventualmente la persona descubrirá, quizás en el momento el susodicho no emita comentario o reclamo alguno, pero si es algo que se ha vuelto repetitivo, poco a poco va naciendo la desconfianza y se va sembrando la incertidumbre y/o duda de saber si lo que te dicen es la verdad u otra mentira más, pues como dije al inicio, el amor y otros sentimientos a veces nos nublan el buen juicio, por un tiempo y espacio determinado, mas no para siempre. Y con el pasar del tiempo, surge el temor de siquiera atreverse a preguntar algo, pues las posibilidades de recibir como respuesta otra mentira más son demasiado elevadas, entonces ya los temas de conversación se vuelven un tanto falsos y sin sentido alguno, pues mientras escuchas a la persona hablar, tu mente comienza a trabajar, atar cabos, viene la paranoia, entre otras cosas, pues crees que todo lo que te están diciendo es mentira.

Aquel que es sincero, obtiene como recompensa un privilegio inconmensurable, la confianza, y cuando hay confianza, todo lo demás viene por añadidura. Dar amor, respeto, comprensión, es lo correcto y no es necesario que algún dogma lo dicte, pues es la naturaleza del ser racional, distinguir entre el bien y el mal, pero tampoco está de más, de vez en cuando, dar sinceridad a aquellos que de verdad queremos o apreciamos en cierto modo.

Jorge Morales-Franceschi

El gran valor de apreciar lo que tienes y no añorar aquello que no tienes.

Publicado originalmente el 14 de julio de 2014

Aquel o aquella, que siempre estuvo a mi lado, yo jamás le olvido, a pesar de los pocos o muchos años que puede estar de muerto, esa persona, por cuanto fue importante y trascendental en mi vida, no la olvido. Y eso viene al hecho siguiente; con gran preocupación veo redes sociales invadidas por completo, con frases, imágenes, viñetas y demás en alusión a dos grandes hombres celebres de la cultura hispanoamericana, uno de ellos crecí escuchando su música, y el otro, muchos de sus escritos me inspiraron a tomar una pluma y un papel y empezar a escribir sobre lo primero que se me vino a la mente, de esto ya hace unos diez años o más. Les hablo del maestro Cheo Feliciano y el gran escritor, laureado con el premio nobel de literatura, el señor Gabriel Gracia Márquez.

García Márquez. *Trending* en las redes sociales. #GarciaMarquez

Mi preocupación viene de lo siguiente, García Márquez fue uno de los escritores más grandes del siglo XX y se mantuvo vigente durante gran parte del nuevo milenio (con su novela corta "memorias de mis putas tristes" publicada en el año 2004), ahora con su fallecimiento, se ha vuelto el *"trending topic"* en diversas redes sociales, ahora resulta que todos son súper fanáticos de García Márquez, me resulta hilarante el ver personas que conozco, que jamás en su miserable, seca y retorcida vida habían siquiera tocado algún libro

14

de García Márquez, hoy día opinan como grandes críticos de literatura, ¡por favor! Seamos serios y respetuosos con la memoria de un gran maestro, caballero ilustre, hombre que demostró gran preocupación por su país y por muchas cosas que pasaba tanto en Latinoamérica, simplemente no hay adjetivos suficientes para denotar la gran figura y lo que represento para las letras hispanoamericanas.

A través de historias como "el coronel no tiene quien le escriba", "crónica de una muerte anunciada", "amor en los tiempos del cólera" y por supuesto una de sus obras más representativas "cien años de soledad", por mencionar solo algunas, este señor nos puso a soñar, a trabajar la mente, las formas y matices de los personajes y situaciones, es simplemente sublime. Ya lo había dicho en otro texto, escritores buenos hay muchos, más aquel que con tan solo cinco líneas, es capaz de hacerte reír, llorar o incluso ambas emociones, ese es un escritor excelente, ese fue el gran Gabriel García Márquez.

En lo personal; recientemente tuve la oportunidad de leer dos de sus más recientes trabajos "vivir para contarla" y "yo no vengo a decir un discurso". Me causa mucha gracia, pues en este último trabajo, se alude que al recibir el premio Rómulo Gallegos, en 1972, por su obra *Cien años de soledad*, afirma que aceptó hacer dos de las cosas que se había prometido no hacer jamás: recibir un premio y decir un discurso. Nos muestra el cierto grado de incomodidad o tal vez apatía que sentía el escritor al montarse en un estrado y decir un discurso.

"vivir para contarla" es una novela autobiográfica; nos cuenta los años de juventud del autor, en un periodo comprendido entre 1927 y 1950.

Yo no soy un ángel, y con el corazón cantando, allá le vemos al gran Juan albañil en coloquio con la amada mía, visitando los entierros de mi gente pobre, sencilla, flor de papel, y mucho amor de verdad.

Mi madre es una gran fanática de la salsa, crecí escuchando música de la Fania All Stars, artistas como Ángel Canales, Héctor Lavoe, Willie Colon, Rubén Blades, Ismael Miranda, entre otros; sin embargo, hubo uno que, con su carisma y donaire, siempre llamo mi atención, por un estilo de canto tan particular, ese sentimiento que le impregnaba a las canciones, esa gran destreza tanto para el género salsa; como en lo boleros; oriundo de Ponce, Puerto Rico, el señor José Cheo Feliciano.

Es un artista que, pese a los años y el haber fallecido, jamás pasara de moda, sus discos navideños son siempre bien acogidos por personas de diversas edades, y por supuesto los temas clásicos como "Anacaona", "el ratón", "Juan Albañil", "Salí porque Salí" y desde luego, una canción que con su sola melodía enamora a muchos, "amada mía".

Recuerdo que estaba en mi puesto de trabajo y una compañera se acerca y me dice – ¿sabes que murió Cheo Feliciano en un accidente en la madrugada?, simplemente no lo podía creer y automáticamente comienzo diversas búsquedas en internet, y doy con la fatídica noticia, nuestro Cheo (digo nuestro, pues no solo fue puertorriqueño, sino del mundo entero), efectivamente había fallecido. Sorpresa, asombro y tristeza, una gran persona, un excelente ser humano, casualmente el día anterior había estado escuchando música de él, incluyendo aquel último disco que saco al mercado en conjunto con Rubén Blades, jamás pensé que esa sería una de sus últimas grabaciones.

El pueblo llora desconsoladamente a un gran artista que fallece de manera trágica, pero la pregunta es ¿fuimos lo suficiente agradecidos con él por tantos años de música brindada?, ¿le dimos valor a ese gran hombre cuando lo tuvimos entre nosotros?

En la vida hay cantantes y escritores que son inolvidables, y el que se fue, tal vez si nos haga falta después de todo.

Tomo como referencia estas líneas del inolvidable cantante Tito Rodríguez, y las modifico un poco, pues son las que más expresan lo que mi corazón siente en este momento; al escribirles estas líneas sobre dos grandes que han fallecido, y es donde no puedo concebir como muchas personas esperaron a perder a estos dos hombres, para comenzar a rendirle homenajes, después de muerto ya no tiene caso, ahora mucha gente sueña con volver a ver cantando al gran Cheo o con ir a la librería más cercana y comprar la novela más reciente de García Márquez, ya eso no va a pasar, ya se nos fueron, el momento de apreciarlos y rendirles tributo ya paso.

Ahora solo nos queda recordar con ferviente devoción a estos dos hombres, iconos de la cultura en Hispanoamérica.

Cheo y Gabo, sé que hablo por muchos al decir, vivirán por siempre en nuestros corazones.

Jorge Morales-Franceschi

Conflicto bélico en la franja de Gaza, ¿más que tan solo una guerra estúpida y sin sentido? O tal vez, ¿hay algo más que tan solo un matiz religioso?

Publicado originalmente el 19 de septiembre de 2012

Mucho se ha hablado últimamente en los medios de comunicación acerca de los conflictos bélicos en Gaza, bueno, tal vez no tanto, tomando en cuenta que recién pasamos la fiebre del mundial, la cual sirvió como una especie de cortina de humo para cubrir la tétrica y caótica situación que se vive en el medio oriente, sin sentido tal vez, tomando en cuenta que se había alcanzado un acuerdo de tregua en el año 2012.

Antes de ahondar en la actualidad, es importante resaltar que ambos pueblos, tanto Israel como Palestina convivieron como hermanos en esa tierra por más de 700 años, justo hasta la llegada de los británicos, fueron estos los que ocasionaron los primeros conflictos bélicos entre ambos pueblos, dichos conflictos durarían muchos años.

Luego de acabada la segunda guerra mundial, y con el ánimo de resarcir al pueblo judío por el genocidio perpetrado, el entonces presidente de los Estados Unidos Harry S. Truman, decide crear el Estado de Israel, y se limitan los territorios.

El 29 de noviembre de 1947, tras múltiples disputas diplomáticas, la Asamblea General de las Naciones Unidas aprobó el Plan de Partición de Palestina en dos Estados, uno árabe y otro judío, ni compactos ni homogéneos, divididos en tres respectivas porciones apenas unidas. El proyecto atribuyó a los árabes el 46% del territorio (11.500 km²) y a los judíos el 54% (14.100 km², de los cuales 11.750 km² correspondían al desierto del Néguev). Jerusalén y su área circundante, incluida Belén, conformarían un *corpus separatum* de 700 km² bajo la administración del Consejo de Administración Fiduciaria de las Naciones Unidas. Además, este plan preveía la retirada del ejército británico del Mandato antes de agosto de 1948 y la fijación de las fronteras entre los dos Estados y en la propia Jerusalén.

Los judíos aceptaron el Plan propuesto, a pesar de no estar de acuerdo con los términos de un reparto que hacían indefendible y poco viable el territorio asignado, pero los árabes lo rechazaron de plano. El Alto Comité Árabe (el organismo de la dirigencia árabe-palestina) calificó de "absurdos, impracticables e injustos" tanto el reparto como la propuesta federal y, viendo perdido el terreno diplomático, amenazaron con la guerra para defender la Palestina árabe.

El 14 de mayo de 1948 expiró el Mandato Británico de Palestina. Un día antes, los judíos proclamaron la independencia del Estado de Israel en su parte del territorio otorgada por el Plan de Partición de la ONU, debido a la festividad del sabbat. Esta declaración provocó como reacción inmediata la invasión de los ejércitos de la alianza árabe, dando así inicio a la guerra árabe-israelí de 1948. Dichos conflictos se mantendrían por muchos años hasta la tregua alcanzada en el año 2012.

El conflicto entre Israel y los palestinos se reactivó recientemente cuando el Ejército israelí, en un ataque selectivo, mató a Ahmed Yabari, jefe del brazo armado de Hamás.

Además, Israel advirtió de que se trata del inicio de una operación militar más amplia contra los grupos islamistas palestinos Hamás y la Yihad Islámica.

Al menos trece personas han muerto desde entonces, y hay más de 140 heridos en la ofensiva iniciada contra Gaza, denominada "Pilar Defensivo" y dirigida contra lo que el Ejército israelí calificó como infraestructura terrorista y almacenes de armas en la franja palestina, gobernada por Hamás.

Ahora bien, aclarado el concepto histórico, ¿Qué pelean a ciencia cierta Israel y Palestina?, pues de acuerdo con los israelitas, la llamada "tierra prometida" de la cual tanto se habla en las escrituras, pues el actual territorio de Palestina es lo que las escrituras aseguran que es Canaán, no obstante, los Palestinos han habitado esa tierra por más de cinco mil años.

Es triste, y a la vez preocupante, que jóvenes de 18 a 23 años van a la guerra y no tienen ni la más mínima idea de por qué están peleando, simplemente alguien (sus padres o el mismo gobierno) les dijo que debían pelear contra el enemigo, y acusan de terrorismo a los palestinos, no obstante, viene a mi mente la siguiente interrogante, ¿ acaso Palestina tiene un ejército formal, acaso Palestina tiene fuerza aérea, acaso Palestina tiene armas nucleares, o servicio de inteligencia?, naturalmente que no, son simples civiles, los cuales son tildados de terroristas, por el simple hecho de defenderse con lo que tienen a su alcance, tomando en cuenta que el ejército israelí cuenta con el apoyo de una súper potencia como lo es Estados Unidos. Si bien es cierto, los israelitas no son ningunos santos, los palestinos tampoco, pues muchos atentados perpetrados por el grupo "terrorista" Hamás afecta tanto a militares como a civiles, en su mayoría, mujeres y niños.

He aquí la parte preocupante, niños muriendo en ambos lados, por una guerra que ni siquiera son capaces de comprender, pues esto no es una guerra; señores, esto es un genocidio, enfocamos solo lo que sufren los israelíes sin siquiera percatarnos lo que pasa del lado palestino, muchos niños que no tienen siquiera la capacidad de razonar o discernir, son vilmente asesinados por efectivos israelíes, so pretexto de estar en "tiempos de guerra".

Es por eso por lo que toda la comunidad internacional, así como el consejo de seguridad de las naciones unidas ruega y pide por un cese al fuego, y que se respete los acuerdos de tregua alcanzados en el año 2012.

No es justo ni necesario, que civiles inocentes mueran por una guerra, cual más que un interés religioso, hay un interés económico y político.

Los medios de comunicación forman pieza fundamental aquí, muy enfocados en noticias de farándula o deportes, sin prestar atención a cosas realmente graves que suceden en el mundo, quizás no podamos cambiar la situación actual en el medio oriente; pero podemos hacer la diferencia, podemos hacerle ver a los gobernantes que estamos en contra de la situación actual y que exigimos una mejor calidad de vida para nuestros hermanos, tanto en el lado israelita como en palestina. Esto no es un asunto de religión o de afiliación política señores, esto se trata de calidad humana, se valores, esas son cosas que no te las dicta un dogma, cada ser humano nace con la capacidad de discernir ente el bien y el mal.

Es por eso, la importancia de mostrar las dos caras de la moneda y que las personas alrededor del mundo forjen su propia opinión sobre el tema.

A manera de reflexión les dejo lo siguiente, ¿porque si los árabes y los judíos son hermanos (ambos descendientes de Abraham), no pueden vivir en paz como tal, como estuvieron antes de la llegada de los británicos.

Jorge Morales-Franceschi

El canal de Panamá, 100 años de historia.

Publicado originalmente el 17 de agosto de 2014

"Puente del mundo, corazón del universo, las aguas del atlántico y las aguas del pacifico, uniendo dos mares; para el comercio mundial, llena de regocijo y jubilo, mi corazón al saber,

Que un día especial, día quince del octavo mes del año 1914, se inauguró,

Esta magna obra de la ingeniería, fueron muchos años de trabajo, esfuerzo y sacrificios, muchos que dieron alma, vida y corazón, por la realización de ese sueño, aquel que muchos pensaron; que no sería posible, aquel sueño que los franceses, no pudieron hacer realidad, cien años después, yo como panameño, a pesar de no haber movido piedra alguna por ver ese sueño realidad, me siento orgulloso de lo que el canal de panamá representa hoy día, pero más orgulloso me siento, de aquellos panameños que si contribuyeron a la realización de ese sueño, y más aun de aquellos extranjeros que vinieron al istmo en busca de oportunidades; a ellos, mis respetos yo les doy".

Quise comenzar con un pequeño poema que escribí sobre el canal, precisamente, por cuanto es tanta la alegría que mi corazón siente, al ver que el canal de Panamá es una importante ruta de transito comercial a nivel mundial, cumple 100 años desde su inauguración; me resultaba imposible no dedicarle algo especial, no por la infraestructura en sí, más bien, por lo que dicha infraestructura representa.

22

La idea de la construcción de una vía interoceánica por el istmo de panamá data de la llegada de los españoles, en aquel tiempo, se pensó en la oportunidad de la construcción de una vía interoceánica, con el objetivo de mejorar e incrementar el comercio entre América, la corona española y el resto del mundo.

Los escoceses, también realizaron algunos estudios con relación a la posibilidad de la construcción de una vía interoceánica, hicieron muchas expediciones e incluso fundaron una colonia en el Darién. Este proyecto fue abandonado en el año 1700 debido a las condiciones adversas que allí encontraron, las enfermedades y la falta de recursos económicos para emprender un proyecto de tal envergadura.

La idea de la construcción del canal a través del istmo se mantuvo en suspenso durante algunos años, hasta que el ingeniero francés Ferdinand de Lesseps presenta un proyecto para la construcción de un canal a nivel, similar al que había realizado en Suez hace algunos años. El gobierno de la gran Colombia otorga la concesión para la construcción del proyecto. Lamentablemente, debido a los altos costos, las enfermedades y lo difícil que eran los trabajos sobre ese terreno, la compañía cayó en quiebra y fue absorbida por el ingeniero en jefe de la obra Philippe-Jean Bunau-Varilla. Este sin ningún apoyo económico, recurre al gobierno de Estados Unidos en busca de financiamiento. Diez años después, y luego de pasar por muchos obstáculos, el sueño se vuelve una realidad.

El canal de Panamá, debido a que fue financiado por el gobierno de los Estados Unidos, se encontraba bajo la administración de ellos. Fueron muchas las luchas de reivindicación social, protestas y muertos, aquel fatídico suceso del 9 de enero de 1964 que termino con la ruptura temporal de las relaciones diplomáticas entre Panamá y Estados Unidos; jamás lo podemos olvidar de nuestra historia. No fue sino hasta 1977 con la firma de los tratados Torrijos-Carter, que se consigue la reversión del canal a Panamá, para el 31 de diciembre de 1999. Desde esta fecha, se encuentra bajo la administración panameña. La ACP (Autoridad del canal de Panamá) es la entidad encargada de la administración de la vía interoceánica.

Hoy día, podemos decir, que el canal de Panamá es de suma importancia, no solo para nosotros los panameños, sino para el mundo entero, y en marco de sus 100 años de inauguración, debemos felicitar a todos aquellos trabajadores, que, con su granito de arena, hacen que el canal funcione perfectamente y sea una de las rutas comerciales marítimas más importante del planeta.

Sobre el uso inadecuado a las redes sociales y demás medios de comunicación electrónicos.

Publicado originalmente el 6 de febrero de 2015

El uso que muchas personas le dan a las redes sociales es sin lugar a duda un tema de debate. Muchos tienen Facebook, twitter, Instagram solo para ver las cosas que publican sus amigos y generalmente no comparten ni opinan sobre ningún tema. Lo cierto es que muchas de estas redes sociales han venido crear un detrimento en las relaciones humanas. Antes, se solía llamar por teléfono, salir a conversar, se iba de visita a la casa de un amigo o de la compañera sentimental; ahora todo se reduce a una simple sesión de chat por Facebook, un par de tweets o mensajes por WhatsApp. ¡Oh!, tan querido por muchos y odiado por otros, el WhatsApp ha venido a desplazar por completo lo ameno que solía ser las conversaciones telefónicas.

En el caso de las relaciones amorosas, esta aplicación de mensajería instantánea ha traído una serie de dificultades, por ejemplo, aquel muchacho enamorado que le envía a su novia un mensaje romántico, con muchos emoticones y demás parafernalia cursi, esta demora una eternidad en responder, o jamás responde; sin embargo, el muchacho ve que su "gran amor" tiene tiempo para cambiar la foto de perfil, tiempo para cambiar el estado, e incluso la ve que está "en línea" varias veces. Y aun así no le responde. Otro motivo de trifulca ha sido la opción de "última vez", aquella que te muestra la hora y fecha de la última vez que la persona estuvo

25

"en línea". Esta opción puede volver loco a cualquier persona que sea extremadamente celosa o acosadora, imagínense solo el ver a su pareja que la "última vez" que estuvo "en línea" fue a las 2:35 am.

En Facebook, la cosa cambia, e incluso se vuelve más problemática. El ejemplo clásico, aquel muchacho que le dice a su novia, "mi amor, iré a la cama temprano, que descanses"; no obstante, lo vemos "etiquetado" en un sin número de fotos acabadas de tomar en las discotecas a las tres de la mañana. Naturalmente que su novia al ver esas fotos en la mañana, le armara un escándalo, que lo más probable es que termine con aquel noviazgo. Falta de confianza y sinceridad, pues nadie desea enterarse por una red social que pueden ver otras personas que tu novio o novia te mintió sobre su paradero.

También está el caso de aquel muchacho que postea una imagen graciosa o algún comentario sobre determinado tema, muchas muchachas que son simplemente "amigas" de él, comentan y le dan "me gusta" a dicha publicación. La novia, que quizás no sea una celosa compulsiva, la primera vez lo vera como algo normal; luego de ver que dicha situación se vuelve repetitiva, se activa el llamado *"celosometro"* a niveles jamás antes vistos. Es allí donde comienzan los problemas.

No quiero que me malinterpreten o que se piense que, y odio las redes sociales y los demás medios de comunicación electrónicos, simplemente, según mi criterio, se está haciendo un uso indebido de los mismos, en lugar de acercar personas y acortar distancias, lo que hace es alejarnos de la gente que más queremos e inclusive llega a mermarnos la posibilidad de conocer nuevas personas. Yo en lo personal, tengo Facebook, twitter, Instagram, google plus, entre otras; es gracias a ellas que me puedo comunicar con ustedes mis lectores.

Es necesario tomar conciencia sobre el uso que cada uno de nosotros le damos a estos medios de comunicación, en una emergencia, si es imposible llamar un mensaje instantáneo es lo ideal. En la medida que aprendamos a ser más sensatos y medidos en el modo que utilicemos las redes sociales, seremos mejores personas, e incluso, nos ahorremos problemas y/o discusiones sin sentido con las personas que más amamos.

Jorge Morales-Franceschi

Ateísmo radical vs Fanatismo religioso.

Publicado originalmente el 31 de agosto de 2014

Cierta notoriedad ha tenido diversos cultos religiosos a nivel mundial, inclusive se han peleado "guerras" por motivos "religiosos", pero; ¿será que la sociedad ha llevado la religión y la fe al punto de caer en el fanatismo?, es una respuesta simple, sí, se ha hecho en algunos sectores de la sociedad. Esto pasa muchas veces por la intolerancia que existe, todos creen ser los portadores de la "verdad absoluta" y todos creen que siguen al verdadero Dios, no obstante, en la medida que crece esta intolerancia religiosa se comienza a debatir sobre qué tan importante comienza a ser la fe y la espiritualidad en el individuo y justo ahí es donde comienza el ateísmo en ciertas personas.

En lo personal, conozco personas que expresan conceptos, juicos y razonamientos claros y coherentes sobre el por qué no creen en un Dios o en la existencia de un ser supremo, durante mi investigación, uno alega que le resulta imposible creer en un Dios que permite atentados como los del 11 de septiembre en Nueva York o el 11 de Marzo en Madrid, otra amiga me comenta que rezo mucho por la salud de su abuelita que está muy enferma, ella era muy devota, y su pobre abuelita murió.

Algo que me llamo poderosamente la atención es que la gran mayoría de los que h odia dicen ser ateos o agnósticos, nacieron y se criaron en el seno de familias religiosas (cuando me refiero a religión, hablo de cristianismo, judaísmo, islam, etc…), en ese sentido surge una interrogante

¿ qué ocurrió en la vida de estas personas que dejaron su fe a un lado para dedicarse al ateísmo en extremo e inclusive buscar la manera de arrastrar a otros a seguir sus mismas corrientes?, la respuesta es algo compleja, pues personas comunes y corrientes; como grandes filósofos y científicos han sucumbido ante el "monstruo" que aseguran muchos fanáticos religiosos es el ateísmo como tal.

Veamos ahora el fanatismo religioso en extremo, he visto personas que piensan que si el sol no alumbra lo suficiente en la mañana es porque Dios está molesto o que piensan que si sales a divertirte con tus amigos, tomas dos o tres cervezas, ya eres etiquetado como fornicario, pecador y que morirás en el infierno, es ahí precisamente al emitir esa clase de juicios donde se atropella uno de los derechos fundamentales de todo individuo, cual derecho que se encuentra establecido en la declaración universal de los derechos del hombre y del ciudadano, así es, hablo de LA LIBERTAD DE CULTO.

Pero hay que tener cuidado, es importante recordar que el derecho a la libertad de culto acaba cuando comienzo a atropellar y/o avasallar el derecho de otro individuo, cualesquiera que fuere, el hecho que yo (como individuo que vive en sociedad) tenga alguna corriente religiosa o filosófica, no me da el derecho a humillar o a menospreciar a otra persona por su credo o por el simple hecho que tenga una manera de pensar diferente. Aquellos ateos que expresan su pensamiento de manera despectiva hacia las personas que profesan algún tipo de religión (cualquiera), no está más que socavando el derecho a la libertad de pensamiento.

Les pongo un ejemplo más concreto, si yo como católico de extrema derecha que soy, puedo y soy capaz de entender ese principio básico, que existe la libertad de pensamiento y que si es necesario, defenderé tu derecho (seas cristiano, musulmán, judío, ateo, etc..) a que puedas vivir en un mundo que te permita pensar como mejor te parezca o profesar la religión que mejor te parezca, del mismo modo, conozco personas que son judíos, hinduistas, budistas, ateos, cristianos (católicos, evangélicos, episcopales, protestantes, etc..) y son capaces de entender ese principio básico del que hablo, ¿ por qué hay gente en el mundo que no es capaz de entenderlo? No es algo que debería pasar, pero pasa mucho en pleno siglo XXI, aunque muchos lo nieguen.

En la medida que aprendamos a ser más respetuosos y tolerantes con respecto a la forma de pensar y sobre todo a las religiones que profesan las otras personas, aprenderemos a ser mejores cada día.

Sobre la infidelidad y las mentiras en las relaciones sentimentales.

Publicado originalmente el 14 de septiembre de 2014

Muchas veces la gente se pregunta sobre el por qué las personas son infieles, porque mentir si estas a lado de la persona que en teoría te hace feliz, aquella que te complementa, aquella que te hace sentir especial, aquella por la que estas dispuesta a hacer sacrificios, aquella con las que sientes, podrías pasar el resto de tu vida. El problema radica en que no siempre encontramos el llamado "paquete completo", a que me refiero, por ejemplo, haciendo una investigación sobre que buscan específicamente las mujeres en un hombre, descubrí que lo que ellas buscan es un hombre cariñoso, amable, respetuoso, que muestre interés por ellas, más que no sea muy intenso, que sea responsable, trabajador, con cierta estabilidad económica y buen amante. En el caso del hombre, se busca una mujer que sea honesta, sincera, que no mienta, que sea hermosa, pero sobre todas las cosas, que no sea IN-FIEL.

En este sentido, muchas veces no encontramos a las personas que cumpla con todos los requerimientos de nuestra lista, y estamos junto a una persona que cumple parcialmente con la lista, es ahí donde radican los problemas a largo plazo. A medida que pasa el tiempo, conocemos a la persona a fondo y nos damos cuenta de que en verdad no era lo que esperábamos. En lugar de cortar una relación nociva, viene la infidelidad, no necesariamente por qué no se quiera a la persona con la que se está, sino más bien, por el hecho que buscamos en otro lado lo que la pareja no nos puede proporcionar. Según mi criterio, esto no es más que afán, ansiedad e inseguridad; pues nada costaba dejar esa relación y seguir su camino, no obstante, muchas veces por temor a perder las cosas positivas que hay en la persona que tenemos a lado, buscamos en otra el resto de las cosas que nos hacen falta para ser felices. Dicho de otra manera, se busca lo mejor de varios lugares y simplemente se desecha lo negativo.

Analizando con cabeza fría, ¿quién podría ser feliz con una persona que si bien, te da amor, cariño y buen sexo, más resulta ser una persona irresponsable, poco trabajadora y además muy mentirosa? Ahora veámoslo desde otro punto: ¿quién puede ser feliz con una persona que, si bien brinda seguridad económica, es responsable, honesta y trabajadora, más resulta ser una persona fría, seca, poco cariñosa y afectuosa; sin contar que es mala en la cama?, Si hay alguien que sea capaz de ser feliz en alguno de esos dos escenarios, que se sienta libre de mandarme un correo, me gustaría conocer cuál es el secreto.

No me mal entiendan, esto que digo no significa que yo esté en favor de la infidelidad o algo por el estilo, pues esto está totalmente alejado de la realidad, sino que resulta algo más o menos "entendible" en el contexto que muchas personas lo miran (esta es la parte en la que hago de abogado del diablo, tratando de justificar aquello que es injustificable), la búsqueda de la felicidad es un derecho inalienable, no obstante; este derecho acaba cuando terminas haciéndole daño a personas que en honor a la verdad, no tienen la culpa de nada. Hay personas que sufrieron una decepción en alguna ocasión y en la nueva oportunidad que les da la vida con otra persona, buscan desquitarse por todo lo sufrido en el pasado;

se pierde la posibilidad de alcanzar la felicidad, precisamente por buscar esa felicidad.

Es importante siempre ser lo más transparentes posibles, buscar la felicidad, claro que sí; pero sin hacerle daño a otras personas.

Jorge Morales-Franceschi

Sobre el contenido de videos publicados en las redes sociales.

Publicado originalmente el 14 de septiembre de 2010.

Revisaba mi cuenta de Facebook, de repente veo un video sobre un oso panda que se encontraba trepado sobre un árbol y saludaba a las cámaras, la verdad es que era muy gracioso. Sigo revisando el área de noticias (neewsfeed, como se le conoce en inglés) y es entonces cuando de repente lo veo, un video de más o menos unos cuatro minutos. Dicho video mostraba a diecinueve soldados israelíes siendo asesinados a manos del grupo terrorista hamas en Palestina.

Aquello fue realmente sangriento y horroroso. Fue entonces cuando comencé a meditar sobre ese y otros videos que he visto, son publicados en el internet. Siento preocupación al ver que ese contenido de violencia explícita se encuentra al acceso incluso de niños pequeños. Hoy día, hasta un chico de siete u ocho años ya tiene cuenta de Facebook o twitter. Comencé a investigar sobre el tema, y vi que en la gran mayoría de los sitios web y redes sociales existen regulaciones sobre el contenido que es posible compartir con el resto del mundo, no obstante, existen ciertas páginas que no tienen ese control.

Así como videos con contenido violento, también he visto videos que incluyen contenido sexual explicito e incluso, algunos de esos videos son protagonizados por menores de edad. Entonces surge la pregunta, ¿dónde están los padres de esos niños que son protagonistas de dichos videos? No es posible culpar solamente a los colegios por el

34

comportamiento de esos muchachos, al fin y al cabo, son solo niños, esto señores, viene del hogar, la crianza que los padres le den a esos muchachos. Lastimosamente, muchos padres viven solo para trabajar y llegar a la casa a descansar, salir a pesar un fin de semana y seguir sumergido en la misma rutina, cual circulo vicioso.

Existen hoy en día un morbo y un sensacionalismo con muchos de estos videos, ya que irónicamente, muchos se vuelven sumamente populares en las redes sociales y alcanzan cantidades de reproducción inimaginables, en ese sentido surge la duda, ¿qué está pasando con la sociedad? ¿A qué se debe el hecho que a muchas personas les guste ese tipo de videos? No está de más estar informado de lo que está pasando en el mundo, pero la verdad es que muchos de esos videos son demasiado fuertes para algunas personas, y como dije anteriormente, hay jóvenes y niños que tienen acceso a esa información, es un arma de doble filo al permitir el acceso a ese contenido a temprana edad. Se pierde la inocencia al ver desde muy temprano cierto tipo de cosas.

Tampoco es que los fanáticos del género gore se sientan ofendidos, eso es otro asunto muy diferente, una cosa es el arte y la forma de emplear la violencia en las ciencias cinematográficas (soy fanático de Quentin Tarantino, por poner un ejemplo), y otra muy diferente es la realidad y llevarlo precisamente al internet.

Es necesario crear conciencia y evitar ese tipo de información, videos que al final no aportan nada positivo a nuestra vida. Un rescate a los valores éticos y morales.

Jorge Morales-Franceschi

Sobre el alto costo de la vida y el control de precios en productos de la canasta básica familiar.

Publicado originalmente el 28 de septiembre de 2014.

En días pasados, fui a un supermercado de la localidad, con el objetivo de adquirir algunos productos de uso común en el hogar. Me llamo poderosamente la atención la rebaja en ciertos productos de la canasta básica, productos que están incluidos en la reciente política implementada por el gobierno, llamada "control de precios". Hay productos como el pan, el arroz, algunas carnes, entre otros...

La iniciativa en papel parece buena, debido al aumento descontrolado que ha habido en los últimos dos años, sin embargo, pude también percibir que otros productos, también de primera necesidad; mas no incluidos en el control de precio, han sufrido un aumento descomunal, ejemplo de ello es el jabón para lavar la ropa, algunos desinfectantes, el papel higiénico y algunos otros. Naturalmente, no es necesario ser economista para saber que este aumento se debe al hecho que muchos comerciantes no desean ver afectado su margen de ganancia ante este control de precios. Ejemplo, si yo soy comerciante y el gobierno me obliga a bajar el precio del pollo a $1.18 por libra, está bien, no hay problema; le aumento a las sodas, los cigarrillos, los productos de higiene personal, y así mi margen de ganancia no se ve afectado. Esto por poner un ejemplo.

Otro tema fue el aumento de salarios que se dio en el gobierno anterior, es obvio que ese aumento de salarios lo terminamos pagando nosotros los consumidores, pues imagínense esto; vas a un supermercado que tiene muchos empleados, ofrece productos a bajos precios, eres cliente de allí, se implemente una ley de aumento de salarios, que dicho sea de paso no les toco a todos, pues no fue un aumento general de salarios. El empresario nuevamente, al ver su margen de ganancia en peligro, decide aumentar los costos de sus productos o servicios brindados, en consecuencia, se da un aumento en el alto costo de la vida. No me mal entienda, esto no significa que yo esté en contra del control de precios o del aumento de salarios que se hizo, solo digo que fue era necesario un análisis profundo sobre esos proyectos, la factibilidad a corto, mediano y largo plazo.

Es importante también que los panameños de clase media; la clase trabajadora (los más golpeados por el aumento del costo de la vida) tomen conciencia al respecto y se elabore un presupuesto familiar, y sobre todas las cosas, crear el hábito del ahorro.

Jorge Morales-Franceschi

Memorias del tiempo que perdí mientras me hacia el estúpido.

Publicado originalmente el 16 de enero de 2015.

Carmen Sofía, una abnegada trabajadora en su empresa, jamás llega tarde, siempre dispuesta a lo que sea que su jefe le pida (en el buen sentido claro). Después de casi 15 años de trabajo y un expediente intachable; es llamada al departamento de recursos humanos para una reunión. En dicha reunión, la jefa de recursos humanos la felicita por todos sus años de servicio, no obstante, debido a ciertos cambios organizacionales en la empresa, su puesto ya no es requerido. Carmen Sofía no puede evitar las lágrimas que brotan de sus ojos, tantos años de esfuerzo y sacrificio, descuido a sus hijos, su esposo, su hogar. La jefa le dice que no se preocupe por sus prestaciones, le pagaran todo su dinero y además le darán una carta de referencia.

Ella está muy preparada académicamente y con las referencias que le darán, no tendrá problemas en conseguir otro trabajo, más el dinero que le darán, podrá realizar algunos proyectos personales que desde hace mucho tenía en mente. ¿Quién le devuelve el tiempo que Carmen Sofía invirtió en esa empresa?, los viajes familiares, el tiempo con sus hijos, el tiempo que pudo haber pasado con su esposo. Gano experiencia durante su estadía en ese trabajo, es cierto; pero esa experiencia de que le sirve, cuando los mejores años de su vida ya han pasado.

Anel tiene una relación de casi 8 años con su novia, él la ha ayudado mucho, tanto moral y emocional como

38

económicamente. El la ayudo a pagar sus estudios e incluso a pagar cosas importantes cuando a ella el dinero no le alcanzaba. Él no es rico, pero hacia el sacrificio por el amor de su vida, nadie se lo pidió, y tampoco esperaba nada a cambio. Se endeudo mucho, tena dos trabajos para poder pagar sus gastos personas y encima ayudar a su novia. Cuando pensó que todo estaba listo para casarse y formar un hogar, ella le dice que la relación no funciona, "no eres tú, soy yo" – le dice, Anel toma las cosas con calma, y decide alejarse de aquella que pensó, era el amor de su vida. Anel no le interesa el dinero que gasto, sabe que el dinero va y viene, el piensa en todo el tiempo que invirtió en esa relación. Desde el principio él sabía que eso no tenía futuro, pero le dio largas al asunto, se ilusiono, y sufrió las tristes consecuencias. El dolor embarga su ya atribulado ser, al enterarse que su antigua novia se acaba de casar con un tipo que conoció hace apenas 4 meses después de haber terminado con él. ¿Y los 8 años de vida que Anel perdió a lado de alguien que no lo quería, nunca lo quiso y que jamás lo querrá?, gano experiencia, es cierto, pero, ¿de qué le servirá esa experiencia ahora?, muy probablemente para vivir con el trauma que todas las mujeres serán como su antigua novia y aunque quizás el encuentre el amor de su vida, lo más probable es que el miedo se apodere de él y le impida disfrutar la felicidad; ellas (las mujeres que Anel conocerá) no tienen la culpa de lo que el sufrió, pero es muy probable que terminen pagando por lo que su novia le hizo. El caso de Anel en mujeres es bastante común, una chica se ilusiona con un chico, tienen un noviazgo súper larguísimo y luego el hombre no resulta ser el "príncipe azul". La chica se desilusiona, siente que perdió el tiempo. Ahora el próximo chico que esa chica conozca, terminara pagando por el sufrimiento que aquel desalmado hombre le hizo, ¿es justo?, claro que no, pero la vida no siempre es justa.

Tanto Carmen Sofía como Anel, son dos ejemplos de lo importante y valioso que es el tiempo. Siempre escucho la frase "recuperar el tiempo perdido" o la clásica "no perdiste el tiempo, ganaste experiencia". El tiempo que se va no vuelve, y la experiencia si bien es muy importante, no siempre estamos obligados a "tener" o a "conocer" todas las experiencias.

Quizás si Carmen Sofía no hubiese estado tan sumergida en su trabajo, hoy día no tendría problemas con su esposo y con sus hijos, y quizás si Anel no se hubiese entregado en cuerpo y alma a su novia, hoy no atravesaría por el dolor de un desamor.

Carmen Sofía es muy perfeccionista, aun si tuviera la oportunidad de devolver el tiempo, haría todo exactamente igual o incluso con se dedicaría a su trabajo con mayor intensidad. En tanto, Anel, sería el mismo chico dulce y encantador, que escribe poemas hasta altas horas de la noche y que llama a estaciones de radio para dedicarle una canción a su novia, ese que regala chocolates, flores y osos de peluche.

Hay que vivir un día a la vez, por más perfeccionistas en el trabajo que queramos ser, por muy románticos, aunque amemos con locura, el tiempo que se va no vuelve, por eso hay que aprovecharlo al máximo, disfrutar de las cosas simples, como decir un "te quiero" o un simple "buenos días", o mirar hacia el firmamento y ver las estrellas, sentir la brisa que corre, pasar tiempo con amigos, conversar...

Ahora, en base a las experiencias de mi vida y recordando el tiempo que perdí mientras me hacia el estúpido; yo solo pido tiempo para soñar, tiempo para compartir, tiempo para ser mejor persona, tiempo para amar…

Jorge Morales-Franceschi

Literatura del siglo XXI, Críticas Literarias, *Booktube* y Mas...

Publicado originalmente el 23 de noviembre de 2014.

Muchas son las críticas que hace la gente hacia la literatura actual, más específicamente al género de "literatura juvenil" o "*young adult*" como también se le conoce; así como también a los libros de no ficción o de auto ayuda. Hay que tener en cuenta algo, los autores no siempre tienen una fábrica de historias, personajes y/o situaciones en su mente. Escriben sobre vivencias personales, vivencias de personas allegadas o de lo que se ve alrededor. En ese sentido, si hay algo de crítica hacia la literatura moderna, no es más que el reflejo de una sociedad en decadencia, si la gente critica el hecho que en una novela con varias secuelas se enfoque en la importancia de tener un novio a los dieciséis años por encima de valores éticos y morales, quizás es porque la juventud de ahora está encaminada hacia esa dirección. Esto por poner un ejemplo.

Nunca nadie se pregunta la razón o el porqué de las cosas, quizás solo sea parte de la naturaleza del ser humano el criticar, el ser juez y verdugo, sin siquiera investigar o escuchar explicaciones.

En ese sentido, para mitigar un poco la fría, seca y hasta un tanto aburrida crítica literaria, desde hace algunos años para esta parte nació un nuevo movimiento llamado "Booktube". Se trata de personas comunes (jóvenes y adultos) que se paran frente a una cámara a dar su "humilde opinión" sobre los libros que han leído recientemente. Suben los

42

videos al popular sitio de internet YouTube (de allí la connotación de *booktube*).

En su gran mayoría, no buscan ser críticos literarios ni nada que se le parezca, solo son personas comunes conversando amenamente de aquello que les gusto de algún libro en cuestión. Para no hacerlo monótono, también existen los llamados "*booktags*" o *book challange*" donde hacen toda clase de retos y cosas divertidas. En lo personal, y muy por el contrario a lo que piensan muchos autores y críticos literarios, me parece una idea genial, ya que han logrado atraer a la juventud hacia el mágico mundo de la literatura, justo en el momento en que vivimos en una sociedad socavada por el cine y la televisión, estas personas hacen de la literatura un mundo mágico y divertido, me recuerda al por que empecé a escribir, hace ya casi 9 años atrás. En Panamá, entre los canales de *Youtube* (Booktubers) más populares, se destacan: Lucia Lorena', 'Nohely's Room', 'Dear Friend', 'Mayela Sardothien', 'Entre Libro y Alma' y 'Rangii's Room'. Cabe resaltar que es una comunidad en crecimiento, al menos cada semana descubro un *booktuber* nuevo.

No obstante, no todos los *booktubers*, conocen la diferencia; o al menos no saben distinguir entre opinión literaria y crítica literaria, algunos de los canales que he visitado, son un tanto explícitos a la hora de hacer algún comentario sobre algún libro (en este caso particular destaco ciertos *booktubers* de Estados Unidos, México y algunos países de Sudamérica). Es allí donde viene la trifulca con los críticos literarios profesionales, los cuales aducen que muchos de estos muchachos booktubers no tienen la formación literaria adecuada para emitir una crítica seria. De hecho, les puedo compartir que hace algunas semanas atrás tuve un intercambio de opiniones con una escritora y catedrática universitaria sobre el tema.

En ese sentido, puedo decir que muchos de los llamados "críticos literarios profesionales" jamás en su vida han escrito ningún solo libro, entonces como puedes tu criticar el trabajo de alguien si no tienes idea de lo difícil que pudo o no haber sido el terminar ese trabajo, las horas de esfuerzo y sacrificio que conllevaron terminar ese libro, sea cual sea el tópico. Y luego de terminar de escribir el tan anhelado libro, ver que editorial está interesada en publicarlo. Lastimosamente no todos corremos con la suerte de recibir el tan esperado "si". Toca recibir muchos "no "antes de que llegue la gran oportunidad, a veces con una editorial o con mucho esfuerzo y sacrificio de manera independiente.

Pues les digo que este su servidor NO ESCRIBE PARA CRITICOS LITERARIOS, en caso tal escribo para los lectores y *booktubers* que les interese las mil y una historias que tengo por contar. A veces siento temores, que me llegase a faltar vida para poder terminar con todas las coss que aún me faltan por escribir.

Escribir no es tan simple como la gente a veces piensa que es. Escribir es como las matemáticas, requiere mucha práctica para hacerlo bien. Uno no lee un manual por diez o quince minutos y se vuelve escritor. Eso solo pasa luego de muchos años de estudio y empeño. Una vez alguien me dijo que la fama y la fortuna llegan con el tiempo, aunque no es seguro que eso ocurra.

Realizar críticas constructivas en lugar de destructivas nos ayuda a crecer más como personas.

Lo que es considerado políticamente correcto en el mundo actual.

Publicado originalmente el 30 de noviembre de 2014.

En cierta ocasión, iban dos muchachos en un metro bus, ambos de escuela, de unos 15 o 16 años. Estaban muy cariñosos el uno con el otro, riéndose de las tonterías que decían el uno al otro. El metro bus estaba lleno pues era hora pico. De repente, ellos comienzan a besarse. El murmuro de los presentes no se hace esperar.

- Mira esos jóvenes, capaz que no saben ni fregar un plato y andas besándose en público- decía una señora bastante mayor.

- En mis tiempos eso no se veía, que clase de valores éticos tienen los jóvenes hoy en día- decía otra persona.

Socialmente incorrecto, parece ser las demostraciones de afecto en público, no obstante, apenas prendemos el televisor, vemos cosas como: homicidios, narcotráfico, corrupción, prostitución, guerras en el medio oriente; a todo el mundo le parece perfecto *so pretexto* que es importante estar informado de lo que pasa en el mundo, sin embargo, vemos dos muchachos de escuela viviendo la ilusión de su primer amor y enseguida todos ponemos el grito al cielo. Es importante aclarar que era un beso romántico, también hay ciertas parejas jóvenes que se pasan en el exhibicionismo, pero eso es otro tema que tocare más adelante.

La pregunta que surge es, ¿en qué sociedad estamos viviendo donde las guerras y los crímenes se hacen, más expresar el amor es repudiado por todos? Vivimos en una sociedad que pareciera ser hasta cierto punto represora de sentimientos.

Yo no creo que para satisfacer a la sociedad y al sistema, debamos reprimir las emociones y los sentimientos. Si amas a alguien, ¿por qué no demostrarlo en público? ¿En que afecta eso al mundo?, en cambio las bombas que matan a miles de niños en Palestina y Siria si las podemos ver en todas partes. Es importante dejar el doble discurso y sobre todo la doble moral.

Hace unos días atrás estaba yo en el supermercado haciendo unas compras, en la caja formando la fila para pagar, justo cuando es mi turno, la cajera por un momento dirige su mirada hacia mi pecho, y me dice que el dije que llevo en el collar es muy bonito. Yo le respondo que es la inicial del nombre de la mujer que quiero mucho. Ella responde que es algo muy lindo y que ojalá su novio hiciese algo así por ella. Yo le explique que llevo ese dije para poder sentir que la llevo conmigo, cerca de mi corazón cuando no estamos juntos. Es solo un mero simbolismo, la verdad aquel collar tiene más valor sentimental que económico. No es el collar en si lo que se venera, sino lo que representa. Note cierta mofa en el sujeto que se encontraba detrás de mí en el supermercado y no me importo en lo absoluto.

Parece ser que vivimos en una sociedad, donde parece ser más aceptable la guerra, el odio y la falta de valores; en lugar de expresar el amor los unos a los otros.

En resumen, si vamos a condenar a los muchachos jóvenes que demuestran su amor en público; entonces debemos censurar también las guerras, el narcotráfico y la corrupción que nos venden los medios de comunicación. En la medida que aprendamos a ser coherente en nuestros actos y pensamientos, podríamos erradicar muchas de las problemáticas de hoy en día.

Jorge Morales-Franceschi

El sentido de la navidad y las celebraciones por el año nuevo.

Publicado originalmente el 27 de diciembre de 2014.

Recuerdo cuando era niño, la llegada de la navidad era lo máximo, la puesta de los adornos era la parte más tediosa, decorar la casa tardaba casi dos semanas. Nos quedábamos hasta muy tarde en la noche para decorar el árbol y mi mama preparaba chocolate caliente (que por cierto en aquel tiempo odiaba y ahora lo extraño con nostalgia). Es el típico ejemplo de "nadie sabe lo que tiene hasta que lo pierde".

El otro día estaba sentado frente a la computadora, eran tal vez las 2 o 3 de la tarde. Un cielo despejado y una suave brisa llegaban hacia mi rostro, pues tenía las ventanas abiertas. En ese momento veo el anuncio de un video realizado en España sobre lo que en verdad los niños quieren para navidad. Decido reproducir el video, los niños se les da la oportunidad de escribir una carta a *Santa Claus*, con las cosas que desean para navidad. Luego les dan la oportunidad de escribir una carta a sus padres, en dichas cartas los niños escriben que desean pasar más tiempo con su papa, que jueguen más con ellos, que se sienten más seguido a conversar.

Aquello me conmovió bastante, debido a que muchas veces, por el constante ajetreo que vivimos hoy por hoy, nos olvidamos de las cosas realmente importantes Y buscamos llenar ese vacío con cosas materiales, y al final del día seguimos sintiendo que nos hace falta algo. La navidad no se trata de regalos costosos, tener los mejores adornos, la mejor comida o lucir la ropa más cara, sino de aprovechar los

48

momentos que tenemos y pasarla en familia, así como también con las personas que más queremos.

Hay algo que la vida me ha enseñado paulatinamente, y es que no importa tener la mejor cena de navidad, o lucir la mejor ropa, de nada sirven esas cosas si no hay armonía y paz en el hogar, o peor aún si no tienes con quien compartirlo. Son cosas que se aprenden con los golpes de la vida y no precisamente en una universidad, cosas como compartir, dar amor, cosas que van mucho más allá de lo material y que por desgracia, no hay suficiente tinta y papel en el mundo para explicar, pero que están allí en lo más profundo de nuestro corazón, esperando a que nos decidamos a exteriorizar.

Que estas fiestas de fin de año sirvan para algo más que derrochar los ahorros y/o cualquier ingreso extra, que sirvan para que aprendamos a ser mejores personas, nunca es tarde para cambiar.

Nunca es tarde para volver a amar.

Jorge Morales-Franceschi

Los males que aquejan a nuestras instituciones públicas.

Publicado originalmente el 4 de enero de 2015.

Con la llegada del Ingeniero Juan Carlos Varela a la presidencia de la república de Panamá en julio del 2014, han venido saliendo a la luz diversos casos de corrupción durante la pasada administración, mucha gente se ha quedado atónita al ver los grandes desfalcos que se hicieron a las arcas del Estado, naturalmente por que los medios de comunicación se hicieron eco de tal noticia. La verdad es que la corrupción es algo que siempre se ha dado en todos los gobiernos, algunos dirán que la diferencia radica en que durante la administración de Ricardo Martinelli se sobrepasaron los limites; que sean las autoridades pertinentes las encargadas de juzgar a quien haya que juzgar, si es que hubo delito alguno, el tema que en verdad me llama la atención es un poco más profundo.

Mi experiencia con las instituciones públicas:

Recuerdo hace ya varios años atrás que mi mama me mando a la farmacia de la caja de seguro social a buscar unos medicamentos que le habían recetado, era un día de enero, vacaciones de la escuela, no les voy a mentir, en verdad no fui con la mejor disposición, pues aquellos que han tenido la oportunidad de visitar alguna farmacia de la caja de seguro social, sabrán que la atención y dicha estadía no son de lo más amena. Llegue como a eso del mediodía, pensando que entre más temprano iba, más temprano podría salir. ¡Oh, cuan equivocado estaba! Me acerco a la ventanilla donde se entregan las recetas, allá me dan un papelito y me dicen que me

50

siente a que me llamen, eso fue a las 12:38 pm. Para hacer la historia más corta, me llamaron (o mejor dicho llamaron el nombre de mi mamá) a las 5:52 pm. Imagínense el nivel de enojo, en mi etapa de adolescencia, estar allí toda la tarde, y aunque no lo crean; eso no me molesto para nada. Lo que me molesto fue al ver el cartucho que el farmaceuta me entrega, hay parte de los medicamentos, no obstante, estoy claro que no son todos; pues la receta era bastante extensa y el cartucho estaba liviano. Noté un papel adentro, aquel papel decía "EN-TREGA PENDIENTE". Esperé casi 6 horas para que al final ni siquiera me entregaran todos los medicamentos que estaban en la receta.

Tuve la necesidad de visitar una estafeta de correos y telégrafos de la localidad, con el fin de obtener información, eran casi las once de la mañana, un cielo bastante despejado y una brisa casi veraniega, a pesar de que eran finales de noviembre, recuerdo.

Dicha estafeta se encontraba vacía, de modo que me acerque a hacerle una pregunta a una muchacha que estaba detrás de un vidrio. Ella solo dijo que esperara. Yo no me moleste, a pesar de que la estafeta estaba vacía, pensé que quizás estaba haciendo alguna otra cosa. El asunto fue que espere casi una hora, ¿cuál era mi pregunta? Simple, solo deseaba saber el costo de un apartado postal y si había alguno disponible. Aquella joven, de unos 30 o 35 años tal vez, me puso a esperar una hora, para luego decirme que en efecto no hay y que el costo es 28.00$. Quizás muchos de ustedes que me leen sabían eso, yo me encontraba ignorante hasta ese momento. Ahora bien, la muchacha no tenía nada que hacer, simplemente me puso a esperar porque si, sin ninguna razón lógica; ¿qué culpa tiene el público que el funcionario de tal o cual institución no sepa hacer bien su trabajo?, o quizás si lo sabe hacer bien y simplemente no le da la gana porque pasa por un problema personal o económico.

Por otro lado, recientemente visite el ministerio de comercio e industrias; específicamente la dirección de derecho de autor es allí donde se registran las obras literarias (copyright), me encontraba haciendo los trámites relacionados con mi más reciente libro. Llegue pasada las tres de la tarde al lugar, me atendió una señora bastante amable; incluso al ver la portada de mi libro reconoció más o menos el lugar (el caso antiguo, donde solía estar el famoso *club de clases y tropas)* y el registro de mi libro solo tardo a lo mucho cinco minutos.

Como verán, la experiencia en una institución pública puede ser buena, o bien puede ser mala. Es importante no generalizar.

¿Cómo la corrupción termina por socavar la ética del funcionario público?

Es precisamente en este punto, digamos que ese funcionario lleva trabajando tal vez unos 15 o 20 años en la institución, ganando 400$ o tal vez 500$, con ese salario en este tiempo coyuntural resulta difícil sufragar todos los gastos, ¿Qué le queda a dicho funcionario en cuestión? Caer en algún acto de corrupción para que pueda llevar algo más a su casa.

En lo personal, si me lo preguntan, no puedo juzgar a aquel funcionario público que busca la manera de llevar "alguito" más a su casa. Si dicho funcionario ve que el director de la institución era un tipo de clase media y en menos de un año compra casas, autos de lujo y encima tiene mucho dinero en el banco, es más que obvio que caerá en la tentación, más aún si está comiéndose un cable.

Platón en su obra "la republica" nos habla de la importancia que tiene un funcionario público, dado el hecho que es un trabajo difícil, debe ser bien remunerado. Y en efecto, hoy día un ministro o incluso el presidente de la republica ganan mucho dinero al año e incluso gozan de un sin número de privilegios, ahora bien ¿qué hay con aquel funcionario público que su labor es sacar copias o poner sellos en algún documento? Nadie se acuerda de él.

A mí me causa mucha gracia ver un comercial que hable sobre la corrupción, en dicho comercial una señora se aproxima hacia la ventanilla donde esta una funcionaria, el señor le entrega unos documentos para un trámite y la funcionaria le responde que ese trámite tardara dos semanas (o algo así,). El señor le dice que, si sería posible agilizarlo un poco, mientras deja caer algo de dinero sobre el mostrador. La funcionaria indignada por el soborno hace un escándalo y la moraleja del comercial es que hay que decirle "NO" a la corrupción y que nosotros como ciudadanos debemos evitar sobornar a un funcionario público. La campaña me parece una buena iniciativa, pero ¿por qué no comenzamos por los mandos medios y los altos funcionarios del gobierno? Comprobado esta, cuando no tienes nada, quieres un poco, cuando tienes un poco, quieres más, y cuando tienes más, LO QUIERES TODO.

Como dije anteriormente, no puedo juzgar (aclaro que igual está mal desfalcar las arcas del Estado o sacar provecho de su posición para obtener dinero del público) a aquel funcionario de 400$ mensuales que busca la manera de llevar algo extra a casa para sus hijos, pero si a aquel director de institución, ministro o incluso presidente de la república, que a pesar de ganar un buen salario y te gozar de un sin número de privilegios; busca la manera de como desfalcar las arcas del estado. No es moral ni ético. Ambos roban, no se discute, pero el funcionario de 400$ al mes roba por necesidad, el alto funcionario roba porque quiere ser millonario.

Es necesario mejorar las condiciones de trabajo, salario y beneficios para los funcionarios públicos, que los más altos directivos den el ejemplo, crear conciencia sobre la importancia de ser un funcionario público y sobre resaltar el aspecto humano en el trabajo.

Sobre la educación, acceso a la información, estupidez e ignorancia.

Publicado originalmente el 4 de marzo de 2010

Me llama poderosamente la atención, una serie de situaciones que veo al alrededor, en un mundo con tanto acceso a material didáctico y cultura, surge la pregunta, ¿es aceptable ser ignorante o ser estúpido en el mundo de hoy?

Antes que todo, es importante conocer las diferencias entre estúpido y un ignorante. Un ignorante es aquella persona que desconoce un tema en particular, en muchos casos (salvo algunas excepciones), se abstiene a opinar de dicho tema y   detenidamente para aprender y posterior a ello investiga por su cuenta y saca sus propias conclusiones; como todo ser racional.

El estúpido, es aquella persona que desconoce un tema en particular, y, aun así, opina y debate sobre el mismo, no teniendo la más mínima idea de lo que está hablando y de paso, colmando la paciencia de aquellos que lo rodean.

Cabe resaltar que no es lo mismo estar educado a estar informado, la información no necesariamente nos hace personas inteligentes y cultas, tampoco el hecho de haber leído muchos libros o tener un sin número de títulos universitarios. Yo en particular, he conocido personas con muchos títulos académicos, de cierto poder adquisitivo e incluso con puestos de jerarquía en el gobierno, y no son personas para nada educadas, muy por el contrario, más groseras y antipáticas no pueden ser. Del mismo modo he tenido la oportunidad de compartir con personas que ni siquiera ostentan un título de bachiller, y son personas con las que da mucho gusto y placer conversar.

En mi opinión, y sé que quizás muchas personas me criticaran, me parece que; en un mundo tan globalizado como en el que vivimos, cosas como la ignorancia y la mediocridad no son ya aceptables, es natural que todos seamos ignorantes de muchos temas, pero está en nosotros mismos el decidir si queremos cambiar eso o no. Hay muchas cosas que yo en particular desconozco y quizás muchos de ustedes que me están leyendo puedan ilustrarme, del mismo modo existen sin número de temas que domino a la perfección y de los cuales podría compartir con ustedes. El punto es, que nadie nació sabiendo la verdad absoluta, pero no por eso, nos quedaremos viviendo en las tinieblas. Antes, y yo sé que muchas personas que tengan más de cuarenta o cincuenta años lo podrán corroborar, era más difícil realizar una investigación, era necesario ir a la biblioteca nacional, leer varios libros, para luego sentarse en una máquina de escribir y redactar un trabajo de calidad. Ahora, tenemos la biblioteca más grande del planeta, el internet, tenemos acceso a información de todo tipo con tan solo un *click,* y en cuestión de segundos podemos incluso, conseguir la investigación deseada.

He aquí el motivo, por el cual considero, que no es entendible ser estúpido, por ejemplo, si un profesor imparte clases y dicho profesor utiliza algún termino que es desconocido para mí, y quizás por muchas de la clase, tengo dos opciones, una seria levantar la mano pedirle al profesor que explique el significado de dicho termino, y la otra seria anotar el termino y llegar a casa e investigar que significa. Es muy probable que muchos se vayan por a segunda opción, ya que por temor a ser tildado de "estúpido e ignorante", se

56

mantendrá callado. Lo cual está mal, pues como he expuesto anteriormente, no es lo mismo ser estúpido a ser ignorante.

Veámoslo ahora en retrospectiva, tomemos el mismo ejemplo del profesor que imparte la clase, un estudiante, (que no tiene ni la más mínima idea de lo que está hablando el profesor o cree tener más o menos una idea del significado de dicho término), decide levantar la mano y comenzar a discernir sobre ese tema. El profesor, naturalmente tendrá dos opciones, explicarle mediante conceptos, juicios y razonamientos claros y coherentes que se encuentra equivocado o bien perder la paciencia y decirle que está equivocado y exhibir al estudiante en frente de la clase.

Hubiese sido más sencillo para aquel estudiante simplemente, tomar las herramientas tecnológicas a su alrededor y buscar el significado de dicho termino. Ahora, también es importante entender que en pleno siglo XXI también existen personas que no tienen acceso a ciertas plataformas tecnológicas, personas que residen en áreas rurales y demás. Naturalmente, el acceso a una educación se hace un poco más complicado, más no imposible, querer es poder. Yo hago énfasis en aquellos que viven en la ciudad, con acceso a todas las comodidades, y aun así, prefieren vivir en la ignorancia, so pretexto que, "muchas de las cosas que se aprenden no las llegaran a utilizar jamás.

Esto me llevo, a otra reflexión, si bien es cierto, en muchos países tercermundistas, al gobierno no le conviene tener gente educada, gente que sea capaz de investigar y cuestionar sobre las decisiones que se toman. En ese sentido, analizo lo siguiente, el costo económico de tener a una persona sin educación vs el costo de educar a un individuo.

En otras palabras, ¿cuánto cuesta un bolígrafo y un cuaderno vs cuánto cuesta un arma y una bala? Realizando algunos cálculos sencillos, es fácil llegar a la conclusión que resulta más factible educar al individuo en lugar de alienarlo del sistema educativo y a continuación aclaro el motivo de mi conclusión. Como Estado (no hablemos en términos de gobierno), me ahorré el costo económico que representaba ese individuo en el sistema, ahora bien, ¿cuánto me va a costar ahora hacerle frente a ese ciudadano que le negué la posibilidad de estudiar y superarse, y ahora es un delincuente? Ahora, el costo económico es mayor, pues debo armar a la policía para que hagan frente a esos criminales, una vez arrestados, deben ser juzgados y muchas veces es un proceso largo y tedioso; además, debo construir cárceles para que dichos antisociales purguen su condena, y para sumarle, como Estado, es necesario proveerle alimento, acceso a la salud y programas de resocialización.

Todo esto se hubiese podido evitar si el Estado como ente regulador garantizara la educación de alto nivel.

En resumen, cada uno tiene la "libertad" de decidir si se educa o no, el Estado debe asegurarse que esa educación de primer nivel llegue a todos los ciudadanos por igual, y el individuo como tal, pueda tomar la decisión que mejor estime conveniente, que al menos tenga las opciones.

Para terminar, los dejo con esta cita del sabio filósofo griego Aristóteles, cual he convertido en parte de mi filosofía de vida:

"Somos lo que hacemos repetidamente, por lo tanto, la excelencia no es un acto, sino un hábito". – Aristóteles

La ética profesional en el mundo laboral del siglo XXI.

Publicado originalmente el 22 de febrero de 2015

Érase una vez, un inteligente y talentoso contador llamado Juan, este muchacho de 25 años llevaba ya 3 años trabajando para una prestigiosa empresa de la localidad. El ansiaba mucho el ascenso a vicepresidente de finanzas, más la oportunidad no se le había dado. Pasaron los meses, y aquel señor que ocupaba dicha posición (vicepresidente de finanzas) le llegó la jubilación. Juan decidió aplicar para el puesto. El proceso de filtro fue riguroso y al final solo quedaron dos candidatos (más de 50 personas aplicaron); Juan y una muchacha de nombre Paula.

Paula solo tiene dos meses trabajando en la empresa y no está en primer año de la universidad. Tiene 25 años y es la amante del presidente de la junta directiva de la empresa, quien es precisamente el encargado de nombrar al nuevo vicepresidente de finanzas.

A pesar de que Juan tiene la experiencia en el área, la antigüedad en la empresa y los estudios académicos, el presidente de la junta directiva nombró a Paula como nueva vicepresidente de finanzas, solamente por el hecho de ser su amante y de ser una mujer muy hermosa. Esto, a sabiendas perfectamente que quizás Paula no es la persona idónea para ocupar dicho cargo.

Como la historia de Juan hay muchas; pues desafortunadamente es una realidad que se ve en muchas empresas hoy en día.

No puede ser posible que, para conseguir un ascenso en una empresa, es requisito indispensable ser agraciado físicamente; ser amigo de parranda del jefe o inclusive verse en la necesidad de indisponer a algún compañero de trabajo con el fin de obtener lo que se desea.

La ética profesional no es algo que se enseña en una universidad, vivimos en un mundo donde la falta de ética termina por socavar las oportunidades de crecimiento laboral del mismo modo que las oportunidades de desarrollo, donde solo sobrevive el más fuerte o el más astuto; tenemos que hacer la diferencia para alcanzar las metas propuestas, sin necesidad de perjudicar a otras personas.

El llamado socialismo y el comunismo del siglo XXI.

Publicado originalmente el 22 de febrero de 2015

El otro día estuve en un foro de discusión sobre la obra "el príncipe" de Nicolás Maquiavelo. Se debatía sobre el hecho que la obra quizás no esté tan del todo obsoleta a nuestro tiempo y sobre el hecho que quizás a muchos de los gobernantes del mundo les hace falta leer dicha obra, esto en aras de mejorar las formas de gobierno actuales.

Estamos en un mundo, que aún está bajo la zozobra del comunismo; irónicamente, los comunistas llegan al poder con los votos, pero son sacados a sangre y fuego (como cuando Pinochet derroco a Allende en 1973). Ahora podemos decir que hay una especie de "comunismo light" donde los líderes políticos emplean la misma retorica que alguna vez emplearon los grandes líderes comunistas y de izquierda en la historia para llegar al poder, hoy por hoy, con eso consiguen los votos, y luego se vuelve al mismo sistema de sociedad feudal.

Es importante aclarar los conceptos de comunismo y socialismo, ya que mucha gente los tiende a confundir; El comunismo, es una organización social en la que los bienes son de propiedad común, caracterizada por la planificación colectiva de la vida comunitaria, de propiedad privada y de clases sociales fundadas en ésta. La antigua Unión Soviética es un ejemplo claro de esto.

El socialismo, es el control por parte de la sociedad, organizada con todas sus partes integrantes, tanto de los medios de producción y comunicación como de las diferentes fuerzas de trabajo aplicadas en las mismas. El socialismo implica, por tanto, una planificación y una organización colectiva consciente de la vida social y económica. Como ejemplo de ello, tenemos países como Cuba, Venezuela, entre otros.

El concepto de "izquierda" se refiere a un segmento del espectro político que considera prioritario el progresismo y la consecución de la igualdad social por medio de los derechos colectivos (sociales) circunstancialmente denominados derechos civiles, frente a intereses netamente individuales (privados) y a una visión tradicional o conservadora de la sociedad, representados por la derecha política.

El mismo discurso socialista de siempre, donde los gobernantes hablan de igualdad de condiciones para todos, gobiernan con puño de hierro, cual dictador fascista y ellos viven en mansiones lujosas, mientras el pueblo trabaja más de 48 horas (o incluso mucho más) para poder sobrevivir a la quincena. Ellos han demostrado que el socialismo funciona, claro, siempre y cuando haya dinero en sus bolsillos.

Entonces, no hay gran diferencia entre un capitalista y un socialista, ¡oh cierto!, el discurso, más al final del día, el objetivo es el mismo.

El respeto y la tolerancia: las dos mayores pérdidas de la sociedad occidental.

Publicado originalmente el 13 de marzo de 2015

Hace poco leí la "noticia" sobre el despido de un periodista de una prestigiosa cadena de televisión en Estados Unidos por comentarios de corte "racista" acerca de la primera dama de ese país. Me llamo poderosamente la atención que las redes sociales se explotaron en cometarios tanto de apoyo y solidaridad con el comunicador social como de repudio hacia el mismo, de tal modo que incluso salieron a relucir sus preferencias sexuales, que ni siquiera era el tema en cuestión. Insultos y comentarios ofensivos por doquier. He aquí la importancia de ser un tanto comedido en relación a los comentarios que se hacen sobre una persona de alto perfil, más aún cuando se es una figura pública. Mi pregunta es ¿en qué punto de la vida perdimos el respeto y la tolerancia? Si supuestamente vivimos en una sociedad donde se respeta la libertad expresión (siempre y cuando no atropelle el derecho de otra persona además que se haga dentro del marco del respeto), pareciera ser que ahora nos resulta imposible expresar nuestros puntos de vista sin insultar, gritar o avasallar a otras personas.

Otro asunto, pareciera ser que lo más mínimo que se dice sobre un tema o sobre una persona en particular, ya eres acusado y/o tildado de xenófobo o fascista, en ese sentido recuerdo haber publicado, hace un buen par de meses atrás, un artículo explicando lo que el concepto de xenofobia, acá les traigo lo que las naciones unidas entiende por xenofobia:

"Toda distinción, exclusión, restricción o preferencia basada en motivos de raza, color, linaje u origen nacional o étnico que tenga por objeto o por resultado anular o menoscabar el reconocimiento, goce o ejercicio, en condiciones de igualdad, de los derechos humanos y libertades fundamentales en las esferas política, económica, social, cultural o en cualquier otra esfera de la vida pública."

Sobre el fascismo, recordemos que esta corriente nació en el mundo entre guerras (1918 – 1945) el tipo de gobierno que impuso fue el de una dictadura que abolió las libertades individuales y colectivas; creó un solo partido político que tuvo adeptos rápidamente entre la burguesía, como protección frente a las organizaciones revolucionarias. Dicho de otras palabras, no era más que una postura meramente gubernamental, una política de Estado por así decirlo, entonces ahora se ha visto tergiversada la idea original para hacerla ver como una postura meramente individual, cuando en verdad no fue concebida de esa manera.

Teniendo ambos conceptos claros, lo dejo a título de reflexión personal, ¿hay de verdad fascismo y xenofobia en Panamá y el resto de Latinoamérica?

No es hablar por hablar o escribir por escribir, es **SABER** hablar y escribir; utilizando las palabras adecuadas, de modo tal que no haya malas interpretaciones o ambigüedades. Cabe resaltar la importancia de conocer los términos que se emplean para expresar una idea sobre algún tema. Muchas veces queremos dar una opinión sin ánimo de ofender a nadie, pero al no conocer el significado de los términos empleados o el contexto *per se* de cómo utilizarlos, terminamos cayendo en el irrespeto y la intolerancia, ya sea política, religiosa, cultural, etc…

Una vez alguien me dijo que la elocuencia es un don, si no se tiene, se puede llegar a desarrollar, luego de muchos años de práctica y, sobre todo, mucho ímpetu.

La falta de tolerancia y respeto es, y será, el cruce de la delgada línea que existe entre la sociedad y la barbarie. Increíble es, que estos temas sean motivo de discusión en la llamada "sociedad occidental".

Jorge Morales-Franceschi

Una cumbre de las américas CASI perfecta.

Publicado originalmente el 10 de abril de 2015

Este 10 y 11 de abril del 2015 se celebrará la cumbre de las américas en ciudad de Panamá, la cual recibirá 35 delegaciones de países americanos, al más alto nivel.

La VII Cumbre de las Américas será un espacio donde los Jefes de Estado y de Gobierno del hemisferio podrán reflexionar y debatir con libertad y respeto a la heterogeneidad, sobre temas comunes.

Sin lugar a dudas, a pesar de no estar siquiera en la agenda, será el tan esperado encuentro entre Obama y Raúl Castro, y por supuesto ver al presidente de Venezuela Nicolás Maduro conversar con su homólogo estadounidense.

El tema central de la VII Cumbre de las Américas será: **"Prosperidad con Equidad: El Desafío de Cooperación en las Américas"**.

De esta cumbre hay varias cosas que me llaman poderosamente la atención: una gran batería de medios internacionales haciendo eco de noticias, que, en su gran mayoría, no están relacionadas con la cumbre. He visto diversos reportajes sobre la ciudad, la cultura, la comida e incluso una entrevista que concediera nuestro campeón mundial Roberto "Mano de piedra" Duran a un periodista extranjero, donde desafortunadamente se le escapo una palabra "subida de tono".

Otro detalle ha sido las manifestaciones de disidentes venezolanos como cubanos, los cuales alegan sentirse alienados de la cumbre al no poder exponer sus puntos de vista. Una manifestación de disidentes cubanos frente a la embajada de cuba en ciudad de Panamá termino en violentos enfrentamientos entre castristas y anti castristas. Cualquier acto de manifestación en pro de los derechos humanos y la libertad de expresión es y será siempre bien visto por parte de toda la comunidad internacional- Lo condenable es cuando se cruza esa delgada línea ideológica, en la cual buscamos imponer nuestro punto de vista con la violencia, cuando podemos tomar la ruta del dialogo.

La seguridad en torno a la cumbre se ha movilizado a toda la fuerza pública panameña e inclusive se cuenta con asesoría del gobierno colombiano (tomando en cuenta que ellos tienen experiencia en el tema por la pasada cumbre celebrada en Cartagena de indias), todo esto en aras de salvaguardar la honra de todos los asistentes a tan histórico evento.

Los días libres otorgados a funcionarios del gobierno y empresa privada, es perfectamente entendible que es necesario tener control de la ciudad y evitar el tráfico y la aglomeración de personas en las vías públicas durante el desarrollo de la cumbre, hubo cierta confusión sobre qué áreas de la ciudad se verían paralizadas o cuales personas podrían o no asistir a sus puestos de trabajo, otro asunto fue la incertidumbre sobre si era pagado o no como un día feriado, esto para aquellos que si les correspondiera asistir y cumplir con sus jornadas de trabajo habitual.

Obama – Maduro:

Recientemente, mediante decreto ejecutivo, el presidente de los Estados Unidos Barack Obama expreso que las recientes políticas del gobierno venezolano representaban una "amenaza" para la seguridad de los Estados Unidos y procedió con la revocación de visas y congelamiento de activos a siete miembros del gobierno de Venezuela.

El presidente maduro primero dice que hará una férrea lucha contra "el imperialismo", no obstante, en una de sus últimas declaraciones, aseguro que Venezuela es amigo de aquel que venga en son de paz e incluso extendió su mano y dijo que se le ofrecía al presidente de los Estados Unidos, si y solo si este último estaba dispuesto a "rectificar" su postura. Yo comparto la opinión que dio el expresidente de Bolivia Jorge Quiroga, cuando dice que este cambio de discurso del Presidente Maduro es únicamente para que sus amigos puedan ir a *Disneyworld* y disfrutar de sus millones en Estados Unidos sin problemas.

Maduro también anunció que el Gobierno ha recolectado unos 9 millones de firmas contra el decreto estadounidense que declaró a Venezuela una amenaza para Estados Unidos, las cuales esperan entregar al mandatario estadounidense esta semana en el marco de la Cumbre de las Américas, en Panamá.

Según mi criterio, estos actos de Maduro no son más que "pataleo de ahogado" pues él sabe perfectamente bien que se ha quedado sin aliados en la región, con el levantamiento del bloqueo a Cuba. De modo que traer temas que ni siquiera están dentro de la agenda central de la cumbre, lo veo como un intento desesperado por "llamar la atención".

Obama – Castro:

Después de tantos años de haber roto relaciones diplomáticas, Estados Unidos y Cuba por fin sientan las bases para un nuevo comienzo, un inicio de relaciones diplomáticas, aplaudible es el gesto que tuvo el gobierno de Panamá en calidad de organizador de la cumbre en invitar país caribeño, a pesar de que no es un país democrático. Este es el vivo ejemplo que después de todo, la diplomacia logra hacer un puente en medio de conflictos ideológicos y políticos.

Lo que si es cierto es que cada vez es más notorio que Estados Unidos y Cuba parecen estar más cerca de llegar a un entendimiento, pese a los conflictos que hubo en el pasado.

Lo indeterminado:

Los ex presidentes de varios países de la región firmaron un manifiesto, solicitando la liberación de los presos políticos en Venezuela, al ser abordada sobre este tema la canciller venezolana Delcy Rodríguez se mostró un tanto evasiva, un periodista le preguntó sobre la postura de los ex presidentes, y esta responde que "deberían ir a buscar trabajo" para que así dejen de ser ex presidentes. Estas declaraciones salieron en un programa del canal NTN24, que, dicho sea de paso, fue censurado por el gobierno bolivariano de Venezuela recientemente. A título personal, no me parece que sea saludable ese tipo de comentarios, menos viniendo de la encargada de las relaciones exteriores de un país.

Por último, un mensaje publicado en twitter por el reconocido periodista argentino Andrés Oppenheimer, desencadeno una polémica. En el mensaje esboza lo siguiente: "Impresionado por los rascacielos en Panamá y por todo el dinero venezolano aquí. Panameños dicen: ¡Gracias Chávez!

¡Gracias Maduro!". Muchas personalidades del ámbito panameño, así como los ciudadanos en general, mostraron su repudio ante este mensaje, pues denota el desconocimiento completo acerca de la situación actual de Panamá, así como su historia. La polémica fue tanta, que incluso el foro donde el periodista era moderador de un panel de reconocidos líderes de negocios estaba prácticamente vacío. Cabe destacar que dicho comentario fue publicado tanto en inglés como en español, no obstante, luego de la polémica, el mensaje en español fue borrado de la cuenta de *twitter*, más no así el mensaje en inglés. Interesante ¿no creen?

Trató de "reivindicarse" con otros dos mensajes, no obstante, el daño ya estaba hecho.

Yo vi el mensaje en las redes sociales, y me pareció un tanto insólito, más aún, viniendo de un periodista de gran trayectoria como el, ganador de un sin número de "premios" e incluso columnista de uno de los periódicos más "prestigiosos" del mundo, así como presentador de un programa de televisión de una "prestigiosa cadena de noticias". Una vez alguien me dijo que es de humanos errar, mas es de sabios rectificar. Si fue para "caer en gracia" con los venezolanos; muy mala idea.

En general, espero que esta cumbre cumpla con todos los objetivos trazados y que al final la diplomacia y el dialogo sean la clave para resolver todos los problemas que aquejan a la región.

La mente inquisidora, aliciente de la sociedad.

Publicado originalmente el 21 de junio de 2015.

Sobre la oscuridad de la noche, fría e inverosímil es, la actitud de aquellas personas. Aunque haya sol, en la mente y el corazón, solo hay oscuridad. Una vez alguien me dijo que el mundo está completamente perdido, que ya no somos ni la sombra, de lo que alguna vez fuimos. Que el mundo ha cambiado y que lo que antes era bueno ahora se volvió malo, ¡Mentira! El mundo no ha cambiado, fuimos nosotros los que cambiamos, algo ocurrió entre 1990 y el año 2000, que cambió por completo; aquella forma idealista de ver el mundo y la sociedad, ahora todo es relativista, pragmático y materialista. Como "la edad contemporánea" ahora es llamada "la edad post moderna". Por momentos, pareciera que dejamos a un lado muchos de los ideales que solían representarnos, ya no existe términos de izquierda y derecha, todos somos iguales, cuando pensamos en una sola cosa: dinero.

Reír para no llorar, juzgar al arte, más no al artista, las palabras fluyen cada vez más, sobre tantas cosas. En el silencio encontré muchas de las respuestas, a interrogantes que tuve por años en mi mente y mi corazón, nunca me atreví a cuestionar, tal vez por miedo. Muchos se preocupan por el estado de cuenta de la tarjeta de crédito, la letra de un carro, hipoteca, prestamos personal, la luz, el agua, el internet, el cable, la cuenta del celular, etc…Todo eso es importante, pues hay que ser responsables con los compromisos adquiridos, sin embargo, son muy pocos, aquellos pensantes, de mucha letra y poco tiempo, que viven para trabajar en lugar de trabajar para vivir, laborar en lugar de ejercer, se detienen a pensar en cosas simples, como el calentamiento global, la brecha digital, los niños pobres en África, ¿para qué pensar en cosas tristes dirán? Si, a fin de cuentas, no me afecta y en el remoto caso que me importara, una flor no hace verano, más yo sé en mi corazón que es mejor prender una vela que maldecir la oscuridad.

No sé mucho de las personas, pero si se de emociones, tal vez no sepa mucho de sociedades, más si del corazón, tal vez no sepa mucho del odio, más si del amor.

La lógica que gira en torno al amor.

Publicado originalmente el 29 de junio de 2010.

Nunca había escrito nada sobre el amor, al menos no en este blog. Navegando por internet, veo antas publicaciones acerca del amor. Me puse a pensar, ¿Cuántas veces somos capaz de enamorarnos? La verdad somos capaces de enamorarnos un sinnúmero de veces, no obstante, el amor verdadero solo es uno. Cuando uno empieza una relación con alguien, las personas siempre te preguntan ¿Qué le viste a esa persona? ¿Por qué te enamoraste de ella?, preguntas que tienes como clásica respuesta "es una buena persona, me gusta cómo me trata, tiene buenos sentimientos, etc…". No siempre es así, hay ocasiones en que nos enamoramos tan profundamente, que no encontramos razón lógica a tal sentimiento, y es que el ser humano necesita buscarle un sentido a todo, incluyendo al amor. El amor no tiene sentido, es posible enamorarse de alguien que te tiene malos sentimientos, te trata mal, que no te aprecia, y aun así sigues fervientemente enamorado. Y aunque la lógica te dice que te alejes, sigues allí. Por otro lado, es posible que estas con alguien que te trata muy bien, te hace sentir especial, que solo vive y dedica su vida por ti, y no te enamoras. Así de complejo y extraño es el amor. No importa si pasan años o tan solo un par de meses, cuando el amor llega, se queda estampado en lo más profundo del corazón, aunque no funcione y cada uno siga por caminos diferentes; cuando el amor es verdadero, se recuerda con nostalgia, sin importar el tiempo y la distancia.

No es posible sentir odio o rencor hacia alguien que alguna vez le profesaste amor con locura, entonces eso jamás fue amor, fue solo una ilusión, el amor verdadero no debería convertirse en odio, sin importar las circunstancias. Puede traer tristeza y decepción, cuando aquella persona que amamos nos traiciona o cuando aquella magia que creíamos era amor, se acaba.

Escucho a tanta gente pedirle a Dios porque esa persona que aman les corresponda, y no está mal, pues si se ama de verdad, se lucha por quien uno quiere, solo si vale la pena; de otro modo, mejor pedirle a Dios la oportunidad de conocer a alguien que si te amé y te valore por quién eres y no por lo que tienes.

Siempre escucho un refrán que dice "quien bien te quiere; te hará sufrir", yo no creo en eso, más bien pienso que quien bien te quiere haría todo lo posible por evitarte lágrimas y sufrimientos. Si esa persona amada es incapaz de ahorrarte ni siquiera una lagrima, entonces no es la persona idónea para amar.

La idiosincrasia del ciudadano común en tiempos post modernos.

Publicado originalmente el 14 de julio de 2015.

Con mucha tristeza en mi corazón, veo yo los noticieros de mi país, actos terroristas ocasionados por jóvenes estudiantes del glorioso instituto nacional, ese mismo instituto nacional, que tiene en sus filas de egresados a grandes personalidades panameñas de diversos ámbitos, ¿Qué ha pasado? ¡Oh Instituto nacional, alma mater de Ascanio Arosemena y de más mártires de la gesta patriótica del 9 de enero de 1964! Dicen que el presente es la cosecha de aquello que sembramos en el pasado, entonces me pregunto ¿Qué ocurrió en el pasado que ahora los jóvenes en vez de luchar por un mejor Panamá buscan causar el terror y desestabilizar el país? Gran indignación siento yo al escuchar personas culpando a los profesores y al gobierno, señores el gobierno y los profesores pueden decir misa y volverse ceniza si quieren; buenos modales, bien común, inculcar valores como el respeto a la propiedad privada, la paz y el amor los da la casa, no el gobierno. El problema viene desde el hogar, bueno mejor dicho desde la casa, porque en definitiva si fuese hogar, estas cosas no estuviesen suscitándose.

Me hablas de transformación curricular, de aumentar las horas de clase, de construir escuelas y toda esa parafernalia, que no digo que este mal, solo pienso que todo eso es un complemento para aquella educación que viene del hogar, esa que fue forjada por los padres. Es que de nada te sirve una silla que solo tres patas le funcionen y una está floja; el desarrollo del individuo debe ser integral, no es posible que tú digas ser un estudiante brillante, cuando el ideal que buscas no es más que anarquismo con matices de barbarie. Recuerda siempre que tu derecho acaba cuando comienzas a atropellar los derechos de otros. Grandes avances en materia de administración de justicia, eso está perfecto, pero se hace imperante un avance en materia de derechos humanos.

El colmo del cinismo y la desfachatez.

La basura en la ciudad de Panamá parece un problema de nunca acabar, y si en el distrito capital llueve, en el distrito de san miguelito no escampa, pese a los grandes esfuerzos de la administración actual del municipio, es difícil erradicar el problema; que ocasiona repercusiones en el medio ambiente, y las inundaciones. La gente se queja que la casa se le inunda y reclama de manera ferviente que el gobierno le resuelva su problema, pero dígame una cosa ¿quién tiro la nevera vieja o el colchón al rio, que ocasionó que este último creciera y el barrio se inundara? ¿Fue usted o fue el gobierno? Entonces ya es tiempo que dejemos de echarle la culpa al gobierno de todo lo malo que pasa en el país, es importante dejar atrás esa mentalidad que el gobierno tiene la culpa de todo y por ende debe resolverme. El gobierno tiene sus funciones, es cierto, pero el ESTADO tiene otras también, entonces en la medida que comencemos a tomar responsabilidad por nuestros actos, crear conciencia sobre las consecuencias de los actos cometidos, que van en detrimento de nosotros mismos, tanto a mediano como largo plazo, muchos de los problemas "tercermundistas" de nuestro país se irán erradicando y podremos llegar al tan anhelado primer mundo.

El principio del fin del mundo.

Otra cosa que jamás he podio asimilar, cada cosa mala que ocurre decimos "el mundo está completamente corrompido", ese juicio es falaz en esencia, pues el mundo como tal, es perfecto, somos nosotros, los individuos los que estamos completamente corrompidos, quizás perdimos esa bondad natural que poseemos al nacer de la que hablo un gran pensador y filósofo (lo dejo de tarea a ver quién sabe). Es que, en su afán por buscar la perfección, el ser humano termina cometiendo más errores, no somos perfectos, somos perfectibles, en la medida que aprendamos a conocer nuestras limitaciones y esforzarnos por desarrollar aquellas virtudes que tenemos, seremos mejores ciudadanos.

Una pregunta a manera de reflexión, ¿Cómo una máquina, que fue creada por un ser imperfecto como el hombre, puede ser considerada por el mismo hombre imperfecto (o, mejor dicho, perfectible) que la creó, como algo perfecto?

Jorge Morales-Franceschi

El despertar de un pueblo que clamaba por un alto a la justicia selectiva.

Publicado originalmente el 5 de septiembre de 2015.

Con gran asombro yo veo, lo noticieros ahora, en Guatemala el presidente es acusado de actos de corrupción, en Brasil el pueblo clama un alto al gobierno elegido democráticamente y pide a los militares tomar el control del país, tal cual lo hicieron en 1964; mientras que en mi querido Panamá, el magistrado presidente de la corte suprema de justicia ya fue enjuiciado y puesto tras las rejas, acusado de una serie de delitos muy graves, mientras se investigan una serie de irregularidades del pasado gobierno de Ricardo Martinelli, figuras importantes de su gobierno son investigados e inclusive algunos están en detención preventiva mientras a otros se les ha favorecido con medidas cautelares de país por cárcel o casa por cárcel. Inclusive un ex vicepresidente de la república, como es el caso de Felipe Virzi, está siendo investigado. En lo personal, si a mí me hubiesen dicho hace 10 años atrás que llegaría el día en que vería a un magistrado de la corte suprema de justicia enjuiciado, seguramente me hubiese reído, cual disparate que sonaba, o que un hombre importante y poderoso como lo es Felipe Virzi, seria puesto a órdenes del ministerio público, tampoco lo hubiese creído.

En ese sentido, es un cambio positivo no solo para Panamá, sino para toda América latina, se está haciendo historia, quizás muchas de las investigaciones no terminen en nada, pero al menos es un avance significativo, pues antes nuestros gobernantes tomaban provecho de la cosa pública para lucrar subía otro gobierno y nada se investigaba, seguía el mismo circulo vicioso.

¿Será que el órgano judicial ahora si cumple con su labor? O tal vez ¿será un pase de factura por algún problema personal? Cualquiera que sea la respuesta, al menos podemos decir que vamos por buen camino. La problemática surgirá en caso tal que en el gobierno actual se encuentren irregularidades, el próximo gobierno comenzará la persecución. Con mucha fe espero que los actuales tomen nota de lo ocurrido y sepan lo que no deben hacer. Para evitar verse en una situación bochornosa, tanto para ellos como personas, como para sus familiares y amigos.

La sociedad está evolucionando y nuestros países de Latinoamérica parecen salir del sub desarrollo, podría darse una gran revolución, un pueblo que sale del letargo en que vivía, y se da cuenta de todos los desmanes que hacen los gobernantes, exigen justicia. En Guatemala la gente salió a las calles a protestar, en Brasil hay marchas multitudinarias.

Es un deber de todos, como ciudadanos, acatar las normas, pues como bien lo dice la constitución panameña "no habrá fueros ni privilegios", no obstante, cuando la ley es injusta, también es deber de todos los ciudadanos, levantarse y exigir leyes que beneficien a todos.

Jorge Morales-Franceschi

Sobre la patria y los ideales.

Publicado originalmente el 18 de enero de 2016.

Siempre que se acerca el mes de noviembre, es normal ver a aquellos estudiantes de colegios oficiales como particulares, preparándose para los desfiles en honor a la patria. Los medios de comunicación hacen eco de dichos desfiles. Nunca falta algún reportero cuestionando a algunos de los estudiantes sobre la fecha y su importancia histórica; algunos logran responder atinadamente, mientras otros dejan mucho que desear sobre aquella enseñanza impartida por nuestros profesores de historia de Panamá. No pongo en tela de duda que el docente cumplió con su labor, lo que si debo discrepar es sobre la metodología empleada, de modo que el estudiante sea capaz de atesorar en su memoria, hechos que fueron de suma importancia para forjar el país que tenemos hoy día.

Dicen que los pueblos que olvidan su historia viven condenados a repetirla. Así como en Alemania está prohibido enseñar ciertos temas relacionados con la Alemania Nazi y el tercer Reich, del mismo modo en nuestro Panamá, pareciera ser prohibido tocar ciertos temas del periodo en que los militares gobernaban el país, incluso ciertos sucesos antes del 11 de octubre de 1968. Pero ese es tema para otro análisis.

Pasa noviembre y llega Diciembre, entre el ajetreo de las comprar por las fiestas de fin de año, hay otra fecha de suma importancia para la historia de Panamá, escasos veintiséis años han pasado, muchos lo recuerdan como si hubiese sido ayer, otros dejaron en el olvido ese día, y algunos de las nuevas generaciones, desconocen por completo que ocurrió ese día, madrugada era, cuando uno de los ejércitos más poderosos del mundo, incursiona en el territorio panameño, so pretexto de capturar y condenar al entonces jefe de gobierno de Panamá, el general Manuel Antonio Noriega. Muchos de la llamada "cruzada civilista", se sintieron regocijados, con la llegada de los helicópteros, los tanques y cientos de miles de soldados con armas de grueso calibre. Otros, por su parte, les tocó ver como sus casas ardían en llamas, muchos civiles murieron (no se sabe con exactitud cuántos fueron), pero se logró el objetivo real; acabar con la estructura militar en nuestro país y capturar al general Noriega. Sobre este tema, discrepo también de muchos autores, aquellos alegan que esa intervención militar era necesaria. No hay absolutamente nada en el mundo que pueda justificar la muerte de otro ser humano y a mi mente vino entonces, otro suceso histórico, la guerra de coto, donde Panamá valientemente luchó por su territorio, no obstante, ante presiones de Estados Unidos, al entonces presidente Belisario Porras no le quedó más remedio que entregar las armas y ceder coto. El mejor presidente que ha tenido este país, según mi punto de vista muy personal, gran estadista que entendió que un pedazo de tierra no era tan valioso, como las vidas que se hubiesen perdido en ese conflicto bélico. Ojalá aquellos líderes políticos de Panamá en 1989 hubiesen tenido esa visión. Sobre si era necesario sacar a Noriega de la comandancia, es cierto, pero bajo ningún pretexto es justificable, la muerte de miles de personas inocentes, solamente para capturar a un hombre. El despliegue de fuerza en exceso, más aun tratándose de un país hermano de la organización de los estados americanos y de las naciones unidas, es también inconcebible. Tristemente, en un mundo donde la guerra resulta la salida más práctica y lucrativa a los problemas, el dialogo es dejado a un lado.

Sobre el 20 de diciembre, muchos apelan a que este sea decretado día de duelo nacional, debido al sin número de muertos que ocasionó este trágico seceso, sin embargo, voces de aquellos que son más estadounidenses que el águila calva y el monte Rushmore, se oponen. La fecha llega, y pasa, sin pena ni gloria. Aquel interesado, busca en internet, lee algunos libros o le pregunta a alguien mayor de treinta y cinco años, que ocurrió ese día.

Pasa diciembre, nos llega enero, un nuevo año y otra fecha clave en la historia, el nueve de enero. Aquel día en que masacraron a un pueblo, solo por exigir su derecho inalienable a poner su bandera en su propio territorio. Esto ocurrió en 1964. Estados Unidos había prometido que, dentro de la entonces zona canalera, donde ondeara una bandera estadounidense, debía ondear también la bandera panameña. Esto no se cumplió y los valientes estudiantes del instituto nacional, fueron con la intención de hacer valer su derecho, y fueron duramente reprimidos por la policía zoneita. Nuestro pabellón nacional, fue humillado y muchos medios internacionales se hicieron eco de la noticia. Otro gran hombre, estadista por excelencia, el gran Roberto Francisco Chiari, nuestro presidente en ese momento, toma la decisión de romper relaciones diplomáticas con Estados Unidos, y resalta la importancia de negociar un nuevo tratado sobre el canal de Panamá y la zona contigua al mismo.

El 9 de enero si es un día de duelo nacional. Del mismo modo, cuando falleció el presidente Chiari en 1981, se decretaron dos días de duelo nacional, pues había fallecido "el presidente de la dignidad".

Tanto del 20 de diciembre de 1989 como el 9 de enero de 1964, murieron panameños, la diferencia está en que el 20 de diciembre, los que murieron no fue por voluntad propia, fue porque otras personas así lo decidieron. El 9 de enero, aquellos que murieron, fue por elección individual, por un ideal, porque sabían que hacían lo correcto, ellos hicieron la diferencia aquel día. Por eso les digo, si he de morir, que sea por voluntad propia y no porque líderes políticos así lo estimaron conveniente, pero sobre todas las cosas, que sea por un ideal.

Jorge Morales-Franceschi

Entre Lo formal y lo casual.

Publicado originalmente el 6 de febrero de 2016.

Lo sé, hacía mucho tiempo que no escribía en el blog, lo que pasa es que, entre el trabajo, el próximo libro que está por salir pronto, y demás compromisos, el tiempo escasea, más prometo publicar al menos, dos o tres veces al mes.

Otra cosa que también hacía mucho que no escribía era sobre las relaciones de pareja. En días pasados estaba yo en un restaurante de la localidad comprando mi almuerzo, mientras esperaba, había dos mujeres, bastante jóvenes, conversaban de diversos temas. Una le dice a la otra que la última relación formal la había tenido hace unos seis o siete meses, pero que lo había tenido que dejar. Ella alegaba que, si bien es cierto, el hombre era atento, romántico, cariñoso y bastante hogareño, ella solo quería salir y disfrutar de la vida, aparte que el hombre tampoco le atraía mucho físicamente. Dice que lo intentó, pues sabía que no sería fácil encontrar a un sujeto como aquel, hasta que simplemente explotó y decidió hablarle claro. En ese momento, sentí pena por aquel pobre hombre, no sé cuál sea la historia de él, pero a como ella lo describía, parecía estar bastante enamorado.

Como esa historia hay muchas, entonces la duda es ¿Por qué hay mujeres que dicen que todos los hombres son unos perros? Simple, es que están buscando el perfil equivocado. Yo me he dado cuenta de que las mujeres que buscan una relación formal, en algunos casos termina con algún hombre que solo busca pasar el rato, sin ataduras. Entonces, cuando el hombre las deja, se sientes deprimidas y quieren castigar a todo el género por lo que uno hizo. No nos llamemos engaño, es cierto que hay muchos pelafustanes en la calle, pero también hay hombres que desde el principio hablan claro lo que buscan, y, aun así, mujeres se ilusionan tontamente, sabiendo que el fin de aquella aventura tiene fecha predeterminada.

Lo mismo pasa en caso de los hombres, un sin número de veces he visto hombres sufrir por el amor de una mujer, pero es que ellos buscaban una relación formal, en cambio buscan mujeres que solo quieren una relación sin ataduras, eso no hace a la mujer mala o indigna como muchos piensan, simplemente ella puede no estar preparada para una relación seria, y siente que debe experimentar cosas de la vida, salir con muchas personas, ir a fiestas, divertirse. Lo negativo es que hay hombres que pareciera que viven en la edad de piedra, y eso lo ven mal. En verdad lo que está mal es cuando ya ambos deciden tener una familia, y tu dejas a tu familia en un segundo plano, por salir con amigos o compañeros de trabajo. Cuando uno se casa y tiene hijos, las prioridades de uno cambian, lo primero es y debe ser siempre la familia. Los amigos y el resto del mundo pasan a un segundo plano. Ahora bien, esto no significa que uno ha de convertirse en asocial por el hecho de estar casado y tener hijos, solo que cada cosa tiene su espacio y su momento.

A las mujeres:

Si eres una mujer que buscan una relación formal, en aras de formar un matrimonio y tener hijos, no andes por la vida buscando hombres que solo quieren sexo casual y a las dos o tres semanas se pierden. Te hará daño, y terminaras creando una especie de muro en contra de cualquier otro hombre que quiera acercarse, para tu mala suerte, el próximo que venga, quizás ese sea el amor de tu vida, pero como aun estas dolida por lo que el otro te hizo, el pobre que acaba de llegar terminara pagando los platos rotos, y habrás tirado a la basura una relación que pudo ser perfecta, solo porque en principio, no tomaste la decisión adecuada. No digas que todos los hombres somos malos, simplemente porque uno te lastimó.

A los hombres:

Si eres un hombre que busca una relación formal, en aras de formar un matrimonio y tener hijos, no andes por la vida buscando mujeres que solo quieren vivir su vida sin ataduras, tampoco hables mal de ellas, un caballero nunca hablaría mal de una mujer. Aunque te duela y te hayan roto el corazón, guarda silencio. No es sensato decir que todas las mujeres son malas, solo porque una en particular fue la que te lastimó. Esa actitud misógina solo te hará más daño, y terminaras arruinando la oportunidad de conocer a una mujer, que, si valore los detalles románticos, el respeto y la consideración que puedes brindar.

El ser inmaduro o el no estar preparado para formar una familia no te hace una mala persona, lo que te hace una mala persona es jugar con los sentimientos de otros, y romperles el corazón.

Percepción de inseguridad y sicariato.

Publicado originalmente el 23 de marzo de 2016.

Con mucha preocupación veo las noticias de los diversos medios de comunicación en Panamá, de unos años para acá, se ha desarrollado una ola de violencia increíble. Quizás siempre existió, solo que ahora con más recursos tecnológicos y acceso a la información, los medios son capaces de cubrir las notas de una manera más expedita que hace unos años atrás.

Mi preocupación radica en el tema que el ministerio de seguridad publica maneja unas cifras que en nada se acercan a la percepción que tenemos todos como ciudadanos de lo que pasa en nuestro país, el temor de salir a las calles impera en nuestros corazones, incluso a plena luz del día, nunca se sabe cuándo podría ser víctima de alguno de estos malhechores.

Si bien es cierto, muchos de los orates que han sido ajusticiados, eran criminales, sin embargo, muchos ciudadanos no dejan de percibir ese sentimiento de impotencia, por el tema que nuestros estamentos de seguridad no hacen nada al respecto, tal vez, so pretexto que es mejor que se maten entre ellos mismos, que gastar recurso económico y humano, en busca de dichos criminales. Es precisamente esa actitud lo que hace que la ciudadanía tenga la percepción de inseguridad en las calles. Yo he sido testigo del excelente trabajo que hacen muchos miembros de la fuerza pública, lastimosamente, a las noticias positivas no siempre se les da la importancia debida. Recordemos que al final del día, un medio de comunicación es también un negocio, y como tal, su función primordial es obtener una ganancia o lucro, de modo que, el tipo de noticias de corte amarillistas, son las que más venden.

Cosas que no podemos entender.

Publicado originalmente el 27 de marzo de 2016.

Es imposible decir que sabemos todo sobre un determinado tema, o que somos capaces de poder entender aquellos designios de la vida. Quizás lo que para mí resulte todo un enigma, para alguno de ustedes que están leyendo esto resulte algo sencillo. Al final del día, cada cabeza es un mundo, lleno de diversos tipos de conocimiento y, sobre todo, de experiencias.

Recuerdo cuando era niño…mi mente se transporta allá a mil novecientos noventa y siete, en aquel momento, yo no podía entender por qué mi mamá y mi papá tenían que separarse, y yo quedarme con mi mamá. Esos temas siempre suelen ser complicados de tratar a tan corta edad. Era una situación que yo no podía cambiar. No fue sino hasta mediados de mi adolescencia, que fui capaz de entender aquellas cosas que de niño no comprendía. Cuando se es adolescente, uno piensa que la vida es dura, por cualquier tontería se armaba todo un drama, digno de telenovela mexicana, y no es hasta llegar a la adultez, que nos damos cuenta de que la vida de adolescente era sumamente sencilla, no había que preocuparse por ir al supermercado, pagar las facturas de electricidad, agua, internet, tarjetas de crédito, prestamos de auto, hipoteca, etc…

La vida no acaba al ser adulto, tener un título universitario y un buen empleo, siguen llegando a nuestras vidas, más cosas que no podemos entender, ejemplo, ¿por qué alguien que dice amarte con gran locura un día, decide alejarse al otro día? o como un ateo que conocí que se preguntaba, ¿Por qué si Dios es tan grande y misericordioso, permite que gente inocente muera en guerras? Obviamente las respuestas pueden ser muchas, e irán variando de acuerdo con el cristal con que se mira, el punto es que la vida es una constante curva de aprendizaje, podemos hacer la diferencia, mas no cambiar a las personas. En el ocaso de nuestra vida, seguimos aprendiendo, es muy probable que a los treinta y cinco años comprenda aquellas cosas que hoy en día, que tengo veinticuatro años, no soy capaz de entender.

En resumen, es importante aceptar aquellas cosas que no podemos cambiar, tener el coraje para cambiar aquellas que, si podemos cambiar, pero lo más importante, tener la sabiduría suficiente para saber la diferencia.

Situación del sistema educativo panameño y jornada extendida.

Publicado originalmente el 1 de abril de 2016.

El pasado 15 de marzo del 2016 se dio inicio con la llamada "jornada extendida" en ciertos planteles educativos. Esta jornada consta de 8 horas de clase.

En teoría, parece ser una buena iniciativa, pues siempre se ha conversado mucho sobre el tema que la jornada regular no era suficiente para abarcar el material que el docente debe impartir, sin embargo, surgen ciertas dudas con la llegada de la jornada extendida, y es que la infraestructura de muchos de estos planteles, son utilizadas en la mañana para escuela primaria, y en la tarde para escuela secundaria, eso aunado al hecho que muchas áreas de nuestro país, carecen de agua potable, suministro de energía eléctrica. Por ahora es solo un plan piloto que se está desarrollando, pero a luces largas, es necesario hacer varios correctivos, si esperamos que, en un futuro, esta jornada extendida se aplique en todos los centros educativos.

En otro aspecto, llama mi atención el tema del almuerzo. En muchas áreas del país (no hablo solo del interior, incluso aquí mismo en la capital), los estudiantes deben viajar por muchas horas, ya sea a pie o en autobús para llegar a la escuela, si a ese tiempo que el estudiante invierte en ida y vuelta al plantel, le sumamos las ocho horas de jornada extendida, naturalmente se hace extenuante para cualquiera. Aunque al final del camino, cualquier sacrificio vale la pena, si la meta es buena.

Ahora bien, seria inverosímil pensar que esta iniciativa va a resolver el problema actual del sistema educativo, como dice una canción "sumar tiempo no es sumar amor", aunque le metamos más horas de clases a los estudiantes, no creo que eso vaya a resolver el tema de los fracasos y la deserción escolar, tampoco siento que una reforma educativa sea la solución. Muchas asignaturas y contenido *per se*, son parte de la formación integral de cualquier individuo, cultura general.

Es incoherente pensar que existe una solución única para el problema que aqueja el sistema educativo. Por lógica, si tienes varios problemas que te aquejan, lo normal es que tengas varias soluciones.

Un cambio en la metodología que emplea el educador, de modo que, en lugar de maestros y profesores, tengamos facilitadores y/o capacitadores. En lo personal, conozco muchos educadores que hacen un trabajo excepcional, como facilitadores y agentes de cambio, no obstante, existe cierto grupo de educadores que quizás hayan perdido ese amor por la profesión, y les da exactamente igual si el estudiante aprende o no, si, a fin de cuentas, igual le siguen pagando. Eso tiene que cambiar. Muchas veces el educador es el modelo que seguir, le achacamos la culpa al sistema o al gobierno, señores ¿Quién imparte las clases, el gobierno o los educadores? El gobierno tiene su función, la de garantizar y promover un plan de enseñanza que se ajuste a las tendencias de un mundo globalizado, el ofrecer infraestructuras y el material adecuado para que el proceso de enseñanza sea óptimo, del mismo modo que procurar el pago de manera puntual, del salario a los educadores.

El estudiante por su parte debe mostrar interés en los conocimientos que se le imparten, pero ese interés solo se consigue con una buena metodología de enseñanza, que el docente sea capaz de captar la atención del estudiante, de modo que, aquella clase que el estudiante antes veía como tediosa y aburrida, se vuelva toda una experiencia sin igual, una aventura cada día.

Jorge Morales-Franceschi

Siempre ver el lado positivo de las cosas que pasan.

Publicado originalmente el 19 de septiembre de 2016.

Es difícil ver el lado positivo, o como dicen, el vaso medio lleno en vez de medio vacío. Mas aun cuando sientes que te están cayendo todas las plagas de Egipto juntas. El ser humano siempre tiende a pensar que sus problemas son las más graves del mundo ¡Oh por Dios! las deudas, el trabajo, la casa, los niños, etc....Hasta que vemos a alguien en peor situación que uno, y es allí donde tomamos conciencia y nos damos cuenta de cuan afortunados somos, pues siempre habrá alguien en peor situación que uno. Incluso aquellas personas que, a simple vista, parecieran tener una vida perfecta, también tienes problemas y hacen exactamente lo mismo que nosotros, luchar para salir adelante.

Yo recuerdo la primera vez que me despidieron de un empleo. Estaba un poco triste, al levantarme al día siguiente y ver los rayos del sol, luego levantarme de la cama y ver que no tenía lugar a donde ir. Tuve la buena fortuna de a los pocos días poder conseguir otro empleo, aunque era menos dinero de lo que ganaba y muchas más responsabilidades, puse mi mejor empeño, y trate de verle el lado positivo a la situación, gente por conocer y nuevas experiencias por vivir. Al principio puede que sea difícil, mas no imposible. Otra cosa que también he aprendido es que el término "imposible" lo traza uno mismo mentalmente, uno como persona debe saber que tan lejos puede llegar, conocer sus virtudes y las áreas de oportunidad, pero no por eso nos vamos a echar al viento.

Inclusive esto de verle el lado positivo a la cosa mala hace que aquel trago amargo sea más pasajero, de modo que en algunos años puedas reunirte con amigos y familiares, y reír de aquellas vicisitudes del pasado. No hay mejor terapia que reírse de uno mismo, así aquellos comentarios mal intencionados no surtirán efecto alguno en ti.

Dicen que cada uno es forjador de su propio destino, y hasta cierto punto pienso que debe ser cierto, no obstante, a veces surgen un sin número de situaciones que no dependen directamente de nosotros, y es precisamente allí donde nuestra capacidad de discernimiento se pone a prueba, el cómo afrontemos dichas situaciones, dictaminara el futuro en adelante.

Una actitud negativa ante las circunstancias incontrolables no trae más que estrés y al final, te darás cuenta de que aquella situación se pudo haber resulto manteniendo una actitud positiva y pensando con cabeza fría.

Jorge Morales-Franceschi

¿Qué tan avanzado está Panamá en materia de libertad de expresión?

Publicado originalmente el 26 de septiembre de 2016.

Esta pregunta surge luego de ver uno de estos programas matutinos de opinión, donde uno de los panelistas expresaba su punto de vista sobre un determinado tema, y rápidamente fue descalificado por el resto, debido a su afiliación política e incluso ser tildado de ignorante.

Mejor partamos de la pregunta, ¿qué es libertad de expresión?

La libertad de expresión es un derecho fundamental o un derecho humano, consagrado en el artículo 19 de la Declaración Universal de los Derechos Humanos de 1948. Las constituciones de varios países, incluyendo Panamá y muchos de Latinoamérica, también lo señalan. De la libertad de expresión deriva la libertad de prensa, quizás de allí es donde parte la confusión que tenemos hoy día sobre el concepto, aunque el concepto de la libertad de expresión no es nuevo, pues fue concebido por los grandes filósofos de la revolución intelectual, también llamada periodo de la ilustración.

Muchas veces pensamos que libertad de expresión se refiere solo a permitir que los medios de comunicación tradicionales publiquen lo que quieran, siendo o no verdad, o mejor dicho imparcial. Pero como debemos defender la libertad de expresión, ya que es un derecho individual, lo permitimos, sin tomar en cuenta la delgada línea que hay entre este derecho y la calumnia e injuria.

96

A mí me hablan de libertad de expresión, pero es inverosímil creer en algo como eso, cuando veo que una persona se expresa a favor o en contra de la ley de educación sexual, en contra de los homosexuales, por poner los dos ejemplos más polémicos, lo más probable es que se busque un problema, solamente por expresar una opinión. Dado el hecho que esa opinión no le gusta a más de tres y cuatro personas. Siento que hay un doble discurso en ese sentido, pues la libertad de expresión parece ser buena para algunos, mas no para todos, entonces ¿de qué estamos hablando? En pleno siglo XXI censuramos a una persona que sigue ideales en vez de a personas, simplemente por ejercer su derecho a libre pensamiento y a opinar.

Los derechos y las libertades deben ser para todos por igual, y acaba cuando intentas atropellar el derecho de otra persona.

En general, pienso que a Panamá le falta mucho todavía en materia de libertad de expresión, pues permitimos que una persona se exprese libremente al decir que es ateo o agnóstico, pero condenamos a alguien que dice ser cristiano o de cualquier religión, eso para mí es como dar un paso hacia adelante y tres para atrás.

Jorge Morales-Franceschi

¿Idiosincrasia o doble moral?

Publicado originalmente el 20 de octubre de 2016

Durante el tiempo que estuve haciendo labores de investigación para un trabajo especial, tuve la oportunidad de conocer a una mujer, muy hermosa y con un nivel de cultura que no mucha gente en este país tiene. Vive como una ermitaña en pleno corazón de la ciudad. No ve televisión desde 1994.

Yo pensaba que no había nadie con tanto odio y resentimiento en su çorazón, hasta que la conocí a ella. Ha perdido la fe en las instituciones públicas, en la sociedad, en el sistema, en Dios, en todo. Esto debido a que su padre le fue arrebatado cuando apenas era una niña; por aquellos ideales tales como la democracia y la libertad. Lo recuerda como si fuese ayer, a pesar de que solo tenía seis años cuando todo pasó. Me comentaba que lo que más le dolió aparte de perder a su padre, fue la indolencia de la sociedad, aquellos que decían que su padre merecía morir, solo para la instauración de la democracia. Intentaron callarla, dándole una suma de dinero, en calidad de "pensión" muy considerable, pero entre más conversaba con ella, me daba cuenta de que ella daría todo ese dinero, con tal que su padre volviera a abrazarla. Ella concuerda que era necesario muchos cambios en materia de libertad de expresión y administración pública, pero ¿a qué precio?

Converse también con su tía, que fue la encargada de criarla, luego que su padre fuese asesinado y su madre la abandonara. Ella me comentó que el hombre no era mala

98

gente y que incluso jamás se opuso a la detención, él y otros oficiales se habían rendido, estaban en el suelo sometidos, cuentan algunos testigos, y, aun así, soldados estadounidenses abrieron fuego contra ellos. Otros alegaron que él y sus hombres se resistían a ser arrestados y los soldados abrieron fuego en defensa propia. ¿quién dice la verdad? nunca lo sabremos.

Al final de la conversación, yo me estaba despidiendo, cuando la hermosa mujer toma mi mano y me dice: "Muchos critican a los que defienden a un hombre que robó, pero hizo obras. Créeme que yo pienso lo mismo, robar, pero hacer obras no borra el hecho de haber robado, pero yo te digo algo, ¿qué moral tienen para criticar esas personas, cuando estuvieron y aún están de acuerdo con una intervención militar que mato a muchos civiles y militares inocentes como mi padre? ¿es acaso el erario más valioso que la vida de una persona?".

A título persona, yo pienso que, si tu como persona consideras el erario más valioso que una vida humana, es necesario hacer una auto evaluación y ver en la escala de valores, donde tú tienes situado la indolencia hacia otra persona. Hoy estamos aquí y mañana no sabemos. Aunque sea un real, o dos mil millones de dólares, no hay ni habrá dinero que le pueda devolver a esa pobre mujer, un abrazo de su padre.

Ninguna causa puede ser justa, cuando miles de personas deben morir en contra de su voluntad, por el llamado "ideal".

¿Cómo saber que vives bajo una dictadura?

De un criollo a un conocido, que no hay peor ciego que el que no quiera ver, pues aquel que se miente a sí mismo, desarrolla la labia, para mentirle a otros, incluso aquellos que se jactan de gran sapiencia.

En una conversación profunda con su mulata, de esas conversaciones que el vulgo considera aburridas, y la gente "culta" las tilda de bizantinas, ella le pregunta ¿cómo sabes que vivimos bajo una dictadura?, - ¡oh! Amor mío, es muy simple- responde. Cuando te das cuenta que el gobierno te dice que puedes comer y que no; cuando el gobierno te dice que tipo de música puedes escuchar y cual no; cuando el gobierno decide que canales de televisión puedes ver y cuales no; cuando el gobierno te dice que libros puedes leer y cuales no; cuando el gobierno decide que puedes estudiar y que no; cuando el gobierno te dice si puedes o no salir de tu país; cuando el gobierno te dice a qué lugares dentro de tu ciudad puedes ir y a cuales no; ciertamente vives oprimida bajo una dictadura. Naturalmente ella se entristeció un poco al darse cuenta cuan cruel eran las palabras de su amado. Crueles, pero ciertas. Quien te ama de verdad, no te miente. Basado en esa lógica, podemos decir con propiedad que el criollo ama a su mulata.

Lo triste es que como cada cuatro/cinco/seis/siete años (dependiendo de qué país hablemos) ejerces tu llamado "derecho" al voto, sientes que vives en democracia. La democracia va mucho más allá de un mero trámite, ¿Dónde queda aquel ciudadano fiscalizador de la cosa pública? Aquel que participa activamente en las decisiones trascendentales, su voz solo cuenta para las redes sociales y para firmar peticiones en change.org, típico pensamiento de generación Y (también conocido como *millenials*), solo se queja detrás de las redes sociales, se siente machito detrás de un ordenador, pero a la hora de salir a las calles y hacer la verdadera revolución, allá se queda calladito, pues alega que su gobierno

100

tiene un ejército y estamentos de seguridad muy poderosos, y se siente indefenso ante ellos. Cabe resaltar que aquel ejército a cuál el teme, cumple su función a carta cabal, la intimidación hacia un pueblo que solo busca ejercer su derecho inalienable a vivir en paz.

¿Qué es la paz? Según el gobierno dictatorial, es cuando nadie se queja por alguna mala decisión del gobierno; y todos viven en aparente "armonía", con el salario que el gobierno decidió que debes tener, sin importar cuales sean tus competencias académicas o profesionales, jamás podrás aspirar a más, pues si lo haces, no eres más que un burgués, que cree que el mundo gira en torno a si mismo. Recordemos que el gobierno es manejado por hombres (hombre en términos de especie y no de género, no sea que las grandes defensoras de los derechos de la mujer se den por aludidas), como tal, el hombre no es perfecto, es perfectible. Siempre habrá de basarse en ensayo y error. Dicen que es de humanos errar, mas es de sabios enmendar aquellos errores cometidos. En ese sentido, si el gobierno en cuestión se autodenomina "perfecto", ¿Cómo ha de ser perfecto un gobierno que está regido por seres imperfectos?

Ese mismo criollo me pide opinión sobre el tema, ¿Qué puede hacer si el gobierno de su país es incapaz de brindarle las garantías individuales? Ese mismo gobierno que avasalla sus derechos humanos, cuya inseguridad se ha vuelto cosa del diario vivir. Me rio frente a él, no de la situación actual de su país o de su mediocre gobierno elegido "democráticamente", sino del sarcasmo en sus palabras, cual sarcasmo que muchos no fueron capaces de descifrar. No podríamos culparlos, pues dicen que el sarcasmo es el tipo de humor de la gente "inteligente". Le pagué con la misma moneda, y le dije: vente acá a Panamá y contribuye al "turismo".

Jorge Morales-Franceschi

Nuestro papel frente a la corrupción que nos aqueja.

Publicado originalmente el 24 de febrero de 2017.

Corrupción, corrupción y más corrupción, ¡oh corrupción! No eres más que la meretriz de aquellos políticos que en un momento juraron servir a su pueblo, ¿Qué tan buena amante has de ser que todos caen rendidos a tus pies? ¿Qué has de tener que todos mueren por llegar hasta tu lecho?

Yo a veces me pregunto si aquel funcionario corrupto delinque por puro placer o por verdadera necesidad. Podría yo entender, mas no justificar, de alguien que gana quinientos dólares mensuales, y tiene a su cargo, tres chiquillos en edades escolares, préstamo hipotecario, préstamo de auto, financiera, y demás; pero los casos más sonados son de funcionarios de alto rango. Hombres y mujeres con salarios por encima de los tres mil quinientos dólares mensuales, ¿de qué estamos hablando? Que justicia podemos decir que nuestro ministerio público está administrando, cuando nuestra "honorable y respetada" asamblea nacional aprueba leyes para favorecer a aquellos corruptos. Es triste ver cuando tu propio sistema de justicia, en lugar de salvaguardar los bienes del Estado, solo busca salvaguardar intereses políticos y económicos. Lo que pasa es que aquellas "donaciones" de campaña, no eran más que una inversión. Una inversión a corto y mediano plazo.

Nuestra América latina revuelta por el escándalo Odebrecht, ya los sacaron del Perú y en Colombia se están tomando acciones legales también para investigar. Aclaro

102

que de Colombia no me sorprende nada, si vemos que muchos que formaron parte del gabinete del presidente Uribe, terminaron tras las rejas. En Brasil (país de origen de la empresa) vimos como su presidente termino encarcelado.

El resto de los países nos dan catedra en administración de justicia, nos estamos quedando atrás. No puede ser posible que con diligencia pudimos encarcelar al presidente de la corte suprema de justicia en el 2015. ¿Por qué ahora no podemos impartir justicia contra una empresa privada y que para colmo es de capital extranjero? Es allí donde nos queda ese sabor en la boca a justicia selectiva. Era imperante sacar a Moncada Luna de la corte para poner a otra persona que fuese más "manejable".

En la medida que exista una real separación entre los poderes del Estado, ser percibirá mejor que existe una verdadera justicia equitativa. Muchos de los problemas que afrontamos hoy día, son precisamente por el hecho que aquellos involucrados en actos de corrupción, son aquellos que sirvieron de "donantes" de campaña. Como analista político, puedo decir con propiedad que ese sistema populista es tanto o peor que el sistema socialista que vemos allá en ciertos países de Sudamérica. Cuando se es presidente de una nación, es importante dejar de actuar como un político en campaña y empezar a actuar como un estadista. Recordemos que la vida nos da solo ciertas oportunidades de pasar a la historia, son precisamente en momentos clave de la historia, donde podemos decidir si queremos pasar sin pena ni gloria, o hacer la diferencia.

Yo quisiera solamente dedicarme a escribir sobre el amor, sobre las personas, sobre la felicidad, sobre la familia y demás cosas que nos llenan como seres humanos, no obstante, como ciudadanos que somos; con voz y voto, es nuestro deber, y más que un deber, UN DERECHO, el ser fiscalizadores de aquellos que nos gobiernan. Debemos ser parte activa en las decisiones que se tomen. Cuando el pueblo se desconecta de lo que pasa en su país; enfocado simplemente en trabajar, comer, dormir y esperar el fin de semana para ir al interior del país o tomar algunas cervezas con los vecinos o amigos; toman el control esos políticos corruptos y hacen toda clase de desmanes.

Dicen que cada país tiene el gobierno que se merece, entonces debemos ponernos a trabajar porque obviamente algo debemos estar haciendo mal, menos teoría y más acción.

Equilibrio entre familia y desarrollo profesional: ¿es posible alcanzarlo?

Publicado originalmente el 2 de abril de 2017

En estos últimos días he visto una gran cantidad de publicaciones sobre el tema. Mucho se debate sobre qué edad es considerada como "apropiada" para casarse y tener hijos, lo que trae e mi mente una serie de interrogantes.

La misma sociedad ha creado como una especie de *check list* de cosas que debes hacer para considerarte una "persona de éxito"; tales como graduarte de la escuela, ir a la universidad, estudiar una maestría, un post grado y luego un doctorado, tener un trabajo cuyo salario sea de 4-5 cifras para luego tener tu propio negocio. Luego que has alcanzado todo eso (quizás para entonces tengas entre 35-40 años) entonces viene la familia. Lo preocupante es que ahora anteponemos el éxito profesional y laboral por encima de la familia, no me mal interpreten, no pienso tampoco que sea correcto tener 21 o 22 años con tres o cuatro hijos, pues eso va en contra de la planificación familiar, además de ser un acto de irresponsabilidad. Solo pienso que cada persona debe ser libre de decidir en qué momento desea tener una familia y que se logre ese equilibrio entre la familia y trabajo. Si el trabajo en exceso es malo, créame que la familia en exceso esta también por la misma línea.

Muy joven, muy malo:

Hace algún tiempo atrás aborde un taxi pues me dirigía a realizar algunas diligencias. El taxista me comentaba que tenía 43 años y se sentía tranquilo, pues sus dos hijos ya eran mayores, una acababa de terminar la universidad y tenía empleo, mientras el otro estaba por terminar la universidad. Decía que el haber tenido sus hijos a tan temprana edad fue terrible, pues no pudo experimentar muchas de las cosas que los jóvenes hacen, precisamente por tener que trabajar y luego llegar a casa a cuidar a sus hijos, cambiar pañales y demás. En pocas palabras, sus familiares y amigos le decían que había tirado su juventud al caño por haber tenido hijos. No obstante, con una mirada diferente, dice que no se arrepiente, pues se siente aun joven y con mucho por vivir. Le da pena ver amigos de su misma edad llevando hijos a la escuela y ya sin fuerzas para correr o jugar con el niño en el parque.

Muy viejo, muy malo:

Conversando con una amiga, me comentaba que su tía acababa de tener un bebe. Esta amiga está casi llegando a los 30, así que podrán imaginarse que edad ha de tener su tía. La señora se enfocó por más de veinticinco años en su carrera profesional, y pasados ya los cuarenta, sintió que era el momento perfecto para tener una familia. Lamentablemente su cuerpo ya no era el mismo de hace años y su médico le dijo que era posible quedar embarazada a esta edad. Fue un duro golpe para ella, y sobre todo para su esposo, pues muchas de sus discusiones se debían al hecho que él deseaba tener hijos, más ella siempre lo postergaba. Ahora que era el "momento ideal" para ella, ya no era posible. Afortunadamente la ciencia está muy avanzada y utilizaron el vientre de otra mujer, para poder tener él bebe.

Ninguno, también muy malo:

Conozco personas que pasan de los treinta y cinco años, que simplemente decidieron decirlo no al hecho de tener hijos. Dicen que la vida es chévere sin tantas ataduras ni responsabilidades. Estos son los más criticados, pues en algunos casos, sus círculos de amistades tienes hijos y estos llamados "amigos" sienten que no eres una persona "realizada" por el hecho de nunca haber tenido hijos. Ah y luego viene los padres, primos, hermanos y el resto de la parentela preguntando ¿y para cuando el *baby*? Porque así son de imprudentes.

Al final del camino, es tu propia decisión, lo que dictamine la sociedad no debe ser precisamente lo que debas hacer. Yo siento que uno debe hacer cosas que lo llenen a uno de satisfacción y logro. Que, al levantarte cada día, sientas que tu vida tiene un sentido, y no que simplemente estas vivo para completar un *check list* impuesto por el sistema y después morir. Valora cada cosa que la vida te da, sea algo grande o insignificante. Todo llega al tiempo adecuado para ti, quizás tu tiempo de ir a la universidad no sea el mismo tiempo que el de tus amigos, quizás el tiempo de tener hijos no sea igual al de tu vecino.

Jorge Morales-Franceschi

Sobre el decreto 130.

Publicado originalmente el 12 de junio de 2017.

Mucho revuelo ha causado en las redes sociales el polémico decreto 130 del 6 de junio de 2017 que hace referencia al intercambio de información entre los municipios, la dirección general de ingresos (DGI) y la ANATI (Autoridad Nacional de administración de tierras).

Se ha dicho que este decreto esconde la intención de re avalúo, lo cual es completamente falso, no obstante, hay una serie de temas que se quedan abierta a la interpretación, de modo que me pareció justo hacer un análisis de este, de modo que podamos omitir un juicio objetivo.

Lo que busca este decreto publicado en la Gaceta Oficial 28295-A del 7 de junio del 2017 que establece directrices para la actualización de la información catastral es crear una base de datos entre el Municipio y la ANATI que contenga los permisos de construcción, ocupación, cambios de zonificación y uso de suelo para mantener un registro de los bienes inmuebles que existan dentro de la jurisdicción de dichos Municipios.

Ello permitirá determinar cuando un usuario realice una modificación, ejemplo: Una Mejora, como un anexo o una cerca, si el usuario no la reporta a la ANATI, entonces el decreto otorga la facultad de actualizar de oficio el valor actual con dicha modificación sin autorización del usuario.

También ponen como obligación a los Notarios exigir como requisito para protocolizar una escritura establecer los

108

traspasos, el desglose del valor del traspaso, el valor de terreno y mejoras. No soy abogado, pero tengo entendido, un decreto ejecutivo no puede modificar el código fiscal, esto debe hacerse a través de una ley.

Re avalúo vs actualización catastral:

La actualización catastral de la cual hace referencia en decreto antes mencionado se refiere al hecho que la DGI suministre información de los contribuyentes a los municipios. En ese sentido, por lo que pude investigar, además de la asesoría que me brindaron algunos abogados, la información fiscal de los contribuyentes es de carácter PRIVADA, de modo que, en efecto, dicho decreto es inconstitucional. Ahora bien, ¿Por qué no se presentó un recurso de inconstitucionalidad ante la corte suprema de justicia? Tal vez porque ir a la calle resulta más atractivo para la politiquería.

El tema del re avalúo es un poco más complejo, le pondré un ejemplo; supóngase que usted tenía unos ahorros por allá por el año 2001 y decidió adquirir un terreno en el área este de la ciudad de Panamá. Este terreno le costó 0.51$ centavos el metro cuadrado, total usted pagó 3,825$ por 7,500 metros cuadrados. Usted cumple con sus pagos al municipio, además del mantenimiento (cortar el monte, seguridad, etc.…).

Llega el año 2017, como es de conocimiento público, el área este de la ciudad ha tenido un desarrollo notable, más aún con la construcción de la línea 2 del metro de Panamá. Usted aún conserva aquel terreno que le costó 3,825$ y dado el hecho que ahora este terreno está en un área "privilegiada" por así decirlo, usted decide ir al ministerio de vivienda y ordenamiento territorial (MIVIOT) y solicita un trámite para cambio de uso de suelo, ya que usted compró ese terreno originalmente para hacer una casa, pero ahora se dio cuenta que es más factible (lucrativo) construir un edificio de apartamentos con locales comerciales y alquilarlos o venderlos en un precio ridículamente costoso. El trámite para cambio de uso de suelos en el MIVIOT no cuesta nada, se lo aprueban y usted inicia el proyecto de construcción de apartamentos.

Al final del año fiscal, usted es tan cara dura que pretende pagar el impuesto de bien inmueble de dicho terreno con relación al precio original de compra (3,825$) cuando ya ese terreno está valorado en más de 400,000$ (cuando ni siquiera se ha empezado el movimiento de tierra para la construcción del edificio), imagínese cuando estará valorada la propiedad cuando el edificio esté terminado.

Ahora, quizás muchos no saben, pero este tipo de construcciones no se puede tomar a la ligera, porque debido a la cantidad de personas que ahora habitaran esta propiedad, es necesario mejorar el sistema de alcantarillado en el área, mejoramiento de aceras, mayor mantenimiento de las vías de acceso; y es labor de las entidades gubernamentales el realizar esta serie de adecuaciones. ¿De dónde va a salir el dinero para hacer todas estas inversiones, si usted solo pretende pagar una miseria de impuesto de bien inmueble, cuando dicha propiedad le va a generar una ganancia bruta de más o menos 10-20 millones de dólares? ¿Si a usted esto le parece justo, entonces usted carece de conciencia ciudadana y de amor hacia su país, pero sobre todas las cosas, carece de autoridad moral para criticar aquí político que roba, si usted mismo le roba a su país, y peor aún, le roba al país el dinero que se iba a utilizar en obras de las cuales usted mismo se va a beneficiar?

El dichoso 2%:

Como dejé implícito en el párrafo anterior, el tema de la discusión no es el re avalúo de la propiedad, el tema es cuanto hay que pagar de impuesto de impuesto de bien inmueble y en que escenarios. Se habla de un 2% anual, el cual me parece un disparate completo e investigando, es el más alto de todos los países de la región. Para ponerlo en retrospectiva, una barriada promedio tiene unas 400 a 500 casas, cada una de esas casas está valorada en digamos, $90,000 y de eso, usted debe pagar un 2% anual, el cual se traduce en $1,800 al año, lo que da como resultado unos $150 mensuales en impuestos. Si usted multiplica los $1,800 anuales que se deben pagar por 500 casas que tenga la barriada, serian $900,00 que estaría recaudando el municipio solo en esta barriada. Y eso que, en estos cálculos, no tomé en consideración las remodelaciones que usted podría hacerle a la casa, tales como un anexo, segundo nivel, una cerca; los cuales aumentan de valor la propiedad, de modo que el impuesto aumentaría también.

Conclusiones:

1-   Es imperante para este gobierno dejar de hacer cosas "buenas" que parecen malas y viceversa, porque precisamente es allí donde radica la polémica.

2-   Si vamos a pelear algo, que sea con base, y de manera objetiva, de manera que nuestros argumentos sean nuestra mejor arma. No es ir a protestar y subir fotos a redes sociales para generar y/o llamar la atención.

3-   Me parece irresponsable, por parte de ciertos dirigentes políticos, tomar un tema tan delicado como este, para hacer campaña, no es correcto jugar con la confianza del pueblo, y mucho menos con la inteligencia de los votantes.

4-	El decreto debe derogarse. Si es tan importante el intercambio de información entre entidades gubernamentales, debe hacerse mediante los mecanismos legales pertinentes, y, sobre todo, que se detalle cuando es el porcentaje de impuesto de bien inmueble que debe pagarse y que sea cónsono con la realidad actual del país.

Todo ha cambiado.

Publicado originalmente el 5 de noviembre de 2017.

Todo ha cambiado. Aquellas cosas que antes nos causaban rubor, hoy no surten efecto alguno en nosotros. La forma en que escuchábamos música también. Antes era toda una novedad ir a una tienda de discos y adquirir ese muevo disco de vinil de larga duración que acababa de salir, para las generaciones posteriores, fue toda una novedad cuando salió el disco compacto y las cintas de audio (casetes). En mis tiempos, era una emoción indescriptible, el descargar archivos en formato mp3. Dependiendo de la velocidad de su conexión a internet, dicha descarga podría tardar algunos minutos o incluso horas. Lo malo de este sistema era que el almacenamiento del dispositivo de usabas para reproducirlos era algo limitado, de modo que de cuando en cuando, había que hacer limpieza de los archivos, con el fin de poder agregar variedad a la biblioteca musical. Ahora, todo es online streaming, no es necesario formar largas filas o conducir a una tienda, ni sentarte por horas a descargar música. Lo que quieras escuchar, está disponible cuando quieras y donde quieras. Solo necesitas conexión a internet, y podrás disfrutar de la música que más te gusta, gracias al sin número de compañías que ofrecen servicios de música en línea.

Otra cosa que cambió fue la forma en que apreciábamos el cine. Antes, existían estas grandes y majestuosas salas de cine, y al final, si la cinta era lo suficientemente buena, recibía aplausos del público presente. Luego vinieron los servicios de renta de películas, mediante los cuales, podías alquilar la cinta de tu elección (en formato VHS, DVD y luego

Blu-ray) y disfrutarlos en la comodidad de tu casa. La opción de retroceder, avanzar o pausar, simplemente magnifico para aquellos que siempre tenían la costumbre de hablar durante la proyección de una cinta en el cine. El único inconveniente era que, si te tardabas más del tiempo estipulado en devolver la película, te cobraban recargos bastante absurdos.

Justo cuando pensábamos que esto no podía cambiar, vinieron los servicios de online streaming, para hacernos la vida aún más fácil. Adiós a los recargos por películas no devueltas, adiós a esperar a que el club de video este abierto. Ahora solo con conexión a internet, podemos disfrutar de la magia del cine, donde queramos y cuando queramos.

Los libros de antes nos tampoco ni parecidos a los libros de ahora. Las técnicas de escritura y edición han cambiado, algunas para mejor y otras no tanto, sin embargo, tomemos en cuenta que el público que leía libros hace cincuenta años atrás, no es el mismo público que lee libros ahora. Los gustos cambian, la gente cambia, se adapta. Al igual que el cine y la música, la literatura se ha adaptado a las nuevas tecnologías. Ya no es necesario ir a una "aburrida" y "polvorienta" librería o biblioteca, cuando en el internet tengo un sin número de libros disponibles, y sin preocupación por lo pesados que podrían ser, pues un teléfono inteligente o tableta, es capaz de almacenar entre ocho y ciento veintiocho gigabytes de información.

La forma en que amamos también cambió con el pasar del tiempo. Antes había más romanticismo que ahora. La invitabas al cine o a comer un helado. Pasaban largas horas conversando y si había química entre ambos, al final de la cita, el beso de despedida. Cuando no te sentías lo suficientemente valiente para llamar a su casa y preguntar por ella,

114

que simplemente marcabas y si ella no contestaba, cerrabas y volvías a marcar hasta escuchar su voz (un par de veces hice esto y ahora me siento un tanto ridículo). Ahora solo es necesario mandarle un mensaje de texto y ya está. Se perdió esa magia que se daba al conocer poco a poco a la persona. Quizás por eso, las relaciones no duran tanto como antes, nos apresuramos demasiado sin darnos tiempo para la magia. La poesía y los detalles quedaron a un lado, solo basta con un buen aspecto físico y cierta cantidad de dinero. Con el tiempo, se aprende que la belleza y la juventud se esfuman; mientras que el dinero, si es mal administrado, se acaba pronto.

Una vez hace mucho tiempo, alguien que todos los cambios son buenos, yo sé que solo me lo dijo para hacerme sentir mejor, pues en aquel tiempo pasaba por un momento difícil. Los cambios, buenos o malos, van a pasar, y depende de nosotros el cómo afrontar los mismo.

Jorge Morales-Franceschi

Donald Trump y Kim Jong-un: ¿nuevos aliados?

Publicado originalmente el 12 de junio de 2018.

Lo inimaginable pasó, y a pesar de que muchos se nieguen a admitirlo, Trump ha hecho historia en el mundo de las relaciones diplomáticas, al reunirse con el líder norcoreano Kim Jong-un, esto es sin lugar dudas, algo que marca de manera muy particular la presidencia de Trump, no obstante ¿Cuál es el verdadero interés detrás de esta reunión?

En agosto de 2017, el hecho que se diera un encuentro entre estos dos gobernantes era muy poco probable, tomando en cuenta la guerra de insultos que ambos se dieron, donde uno le decía "viejo chocho" al otro, y este respondía que ese era un "enano y gordo", lo cual dejaba mucho que desear acerca de dos mandatarios, eso sin contar claro, cuando se dio la medición de fuerza sobre quien tenía "el botón rojo" más grande para hacer destruir al otro.

Durante el encuentro que tuvo lugar en Singapur (junio de 2018), ambos firmaron un convenio donde Corea del Norte se compromete a la desnuclearización de la península, mientras Estados Unidos se compromete a detener los ejercicios militares en conjunto con Corea del Sur, así como garantizar la seguridad del país (Corea del Norte). No es la primera que Corea del Norte se compromete a abandonar su programa nuclear, en el pasado otros convenios han sido firmados, sim embargo, nunca cumplidos. En esta ocasión, tampoco queda muy claro como ha de ser "comprobado" que dicha desnuclearización se ha llevado a cabo.

116

Personalmente, lo que más me llama la atención es el contexto mundial que se está viviendo donde se da esta reunión, justo después de la cumbre del G7 en Canadá, donde Trump fue duramente criticado por sus aliados tradicionales, al imponer aranceles a las importaciones de acero y aluminio hacia Estados Unidos, los cuales han sido tildados como "absurdos". Aparte de esto, Estados Unidos planteó la idea que Rusia fuese admitida de nuevo en el grupo (Rusia fue expulsada en el 2014 debido al conflicto en Crimea), la cual fue rechazada de manera unánime por los países europeos. Esto nos lleva a pensar que Estados Unidos percibe a países como Alemania, Canadá, Francia, Reino Unido, etc. como aliados menores, mientras busca la manera de formar una especie de triple alianza con Rusia y China.

La historia nos enseña que, en varias ocasiones, Estados Unidos ha tenido que acudir al rescate de sus aliados, quizás por eso Trump percibe que no hay muchos beneficios en la alianza con la Unión Europea, Reino Unido, Canadá y otros países, y va en busca de formar alianza con países poderosos militar y económicamente, le está apostando al "caballo ganador" por lo que puedo percibir.

En ese sentido, situaciones como la crisis en Nicaragua, el enfriamiento de las relaciones con Cuba y la crisis en Venezuela, no son para nada importantes en la agenda diplomática de Trump, pues estos temas no representan un peligro inminente para Estados Unidos, como si lo representa, el tener enemigos como: China, Rusia y Corea del Norte.

En conclusión, veo que tanto Trump como Kim Jong-un se dieron cuenta que la paz es mejor que la guerra, la cual solo trae miseria y desasosiego, mientras que una alianza comercial y el eventual establecimiento de relaciones diplomáticas, así como el intercambio de información, traería muchos beneficios para ambos países, tanto políticos como económicos.

El #NoALaReelección.

Publicado originalmente el 27 de agosto de 2018.

Lo que comenzó como una pequeña campaña en las redes sociales en contra de los políticos corruptos que llevan un sin número de periodos en el poder, poco a poco ha tomado más fuerza, hasta convertirse hoy en un gran movimiento. Tanto así que hay más de tres y cuatro diputados que piensan que esto se trata de campaña sucia, tomando en cuenta que se avecina elecciones primarias en los partidos políticos. ¿Temen acaso que es *estatus quo* desaparezca? o tal vez haya algo más.

Convenientemente detrás de este repentino movimiento, hay varios candidatos a puestos de elección que dicen ser "independientes" pero indagando en sus hojas de vida, alguna vez formaron parte de un colectivo político, o tuvieron puestos importantes en algún gobierno, salvo algunas excepciones. La idea no es sacar a los que ahora decimos que son malos, para poner a otros iguales o tal vez peores. Cambiar las caras no es sinónimo de democracia, si al final todo aquel que llega a dicha posición terminara haciendo lo mismo.

El asunto es que todo esto ha causado que los simpatizantes de muchos diputados actuales se hayan encendido sus voces en las redes sociales, para atacar a aquellos panameños que exigimos cuentas por el despilfarro de dineros del estado (publiquen su planilla, honorables diputados), además del bajo rendimiento que tiene la asamblea actual en materia legislativa. Es realmente penoso ver que tenemos diputados que, en cinco años, tan solo han presentado un proyecto de ley.

Todos tienen derecho a aspirar a un puesto de elección popular, y si haces las cosas bien, podrías aspirar a un segundo mandado, pero de allí a estar treinta años, vanagloriarte de decir que has hecho carrera en la asamblea nacional, y encima no haber aportado ninguna ley de relevancia para el país, me parece el colmo del cinismo. Dicen que para mentirle a los demás, uno primero debe empezar por mentirse a uno mismo. Me pregunto si estos sujetos se miran al espejo todas las mañanas y se dicen a si mismos "soy un político(a) honesto(a)".

Por último, es importante salir a votar, estudiar detenidamente cada propuesta. En Panamá tenemos una oferta electoral bastante variada (desde los partidos tradicionales de derecha, centro e izquierda, hasta candidatos independientes). De nada vale quejarse durante cinco años, si el día de las elecciones, que es precisamente el momento de pasarle factura a esos políticos corruptos, usted como ciudadano optó por quedarse en casa. Somos nosotros los que hacemos la diferencia, y recuerde, los partidos políticos ni la política en si son malos, malos son aquellos hombres y mujeres que van al gobierno con la única meta de enriquecerse y favorecer solamente a sus familias y amigos.

El concepto de pobreza.

Publicado originalmente el 2 de octubre de 2018.

La real academia de la lengua española define "pobreza" como:

1. f. Cualidad de pobre.

2. f. Falta, escasez.

3. f. Dejación voluntaria de todo lo que se posee, y de todo lo que el amor propio puede juzgar necesario, del cual hacen voto público los religiosos el día de su profesión.

También la define como la falta de magnanimidad, de gallardía, de nobleza del ánimo. Entonces a mi mente surge la interrogante, ¿Por qué cada vez que hablamos de pobreza, nos referimos estrictamente al dinero? Parece que el dinero y los bienes materiales es a lo que se circunscribe nuestras vidas, dejando a un lado las cosas que en verdad importante.

En este último tiempo, he sido testigo de algo que llamo "pobreza emocional", no es más que gente incapaz de sentir algún tipo de empatía hacia el prójimo, gente dice predicar el cristianismo, sin embargo, es completamente incapaz de brindar si quiera un vaso de agua al sediento. Es ahí donde radica la doble moral.

Este concepto de pobreza emocional va más allá, donde aquellos que la sufren son incapaces de sentir esa pasión, ilusión o incluso amor (tanto propio, como hacia otra persona), cuando se es incapaz de exteriorizar los sentimientos, y solo se vive de críticas hacia los demás, o cuando usted solo busca defectos en lugar de virtudes. Ante esto, ¿Cuáles son las causas de la pobreza emocional? En el caso de pobreza económica, una mala inversión o el gasto excesivo en relación con los ingresos, trae consigo pobreza económica, en el caso de pobreza emocional, el exceso de cariño y afecto brindado a quien no se lo merecía, la mala administración de tiempo dedicado a una relación, que no tenía futuro, y desde luego, la traición de alguien en quien se confió demás trae consigo pobreza emocional. Al igual que con el dinero, donde uno es medido y elabora un presupuesto y piensa en inversiones, con el afecto y cariño es necesario ser cuidadoso de a quien se le brinda, no sea que vaya usted a quedar pobre al dárselo todo a quien no le merece. Aparte de volverse pobre emocionalmente, se vuelve una persona negativa.

Me pareció importante definir el concepto de pobreza, pues hay gente con mucho dinero y bienes materiales, que es pobre de emociones, y sin emociones no somos nada. El dinero no puede comprar afecto, al menos no uno verdadero, pues siempre nos hará falta el cariño de familiares y amigos.

La pobreza no es más que un estado mental y emocional, y por eso no siento que ser pobre a nivel económico sea un insulto o un motivo para discriminar a alguien, pues el dinero podrá dar ciertas comodidades, cierta tranquilidad, pero jamás podrá brindarte la alegría y el regocijo que te dará, el amor y el cariño, al ser tan rico en emociones y sentimientos. De modo que, usted podrá no tener una cuenta bancaria con mucho dinero, tarjetas de crédito, casas y autos de lujo, pero si usted tiene es una persona llena de amor, de valores, de principios y, sobre todo, cuenta con el cariño y la comprensión de sus seres queridos, es más rico que Carlos Slim y Amancio Ortega.

Jorge Morales-Franceschi

Elecciones primarias de los partidos políticos: ¿Qué balance nos dejan?

Publicado originalmente el 4 de octubre de 2018

El pasado 16 de septiembre de 2018, el partido revolucionario democrático (PRD) celebro sus elecciones primarias para definir, quienes serían los candidatos, a representarlos, para los diferentes puestos de elección, rumbo a la gran contienda electoral del 2019. De esta primaria se puede rescatar los siguientes puntos:

1- La gran participación que tuvo la membresía del partido. Demostraron que en la unión esta la fuerza, el poder de organización y más que todo, de movilización fueron factores determinantes.

2- Días después, a diferencia de otras ocasiones, el discurso de aquellos no favorecidos fue bastante moderado, e incluso de unidad. Muy diferente a lo ocurrido en las primarias del 2008 y 2013.

Siempre lo he dicho, el PRD de Panamá es como el PRI en México o el partido justicialista en Argentina, son partidos políticos con una membresía muy grande, con un poder de organización y convocatoria increíble, a tal punto que, solo hace falta que cada uno de sus miembros salga a votar, para ganar las elecciones. El problema viene cuando todos los partidos se unen contra ellos, o cuando no hay unidad. Es normal que haya conflicto en algunas ideas (algunos representan ideas más de centro y de izquierda que otros), sin embargo, es importante hallar el equilibrio, conversar de

124

modo que la visión de país vaya más allá de la política partidaria.

El 30 de septiembre, el partido Cambio democrático tuvo sus elecciones primarias para elegir los candidatos a diputados, representantes, alcaldes y concejales. Recordemos que, con anterioridad, habían realizado la contienda interna donde Rómulo Roux resulto elegido por la membresía para ser el candidato oficial para la presidencia de la república. De las primarias de cambio democrático destaco:

1-	El discurso incendiario de José Raúl Mulino en contra de su oponente Rómulo Roux, diciendo que no lo apoyara, aun estando en el mismo partido. ¿A usted le parece eso congruente, mejor dicho, conveniente para el partido?

2-	La baja participación por parte de la membresía de este partido, que, en el espectro político, se define como un partido de centro derecha, de tendencia liberal, tal como lo fue el gobierno de su líder y fundador Ricardo Martinelli Berrocal.

3-	Parece que este partido quedo dividido en dos facciones, una que apoya a Ricardo Martinelli (pese a todos los esfuerzos que ha hecho la directiva del partido por desvincularse de su figura, debido a los problemas judiciales de este) y la otra facción que apoya a Rómulo Roux, al cual tildan de traidor.

4-	La gran cantidad de puestos que se han reservado para posibles alianzas con otros partidos políticos. Aunque muchos lo quieran negar, es probable que esto haya causado la baja participación de los adherentes.

En este escenario, veo bastante complicado una victoria por parte de cambio democrático en el 2019, a menos que vayan en alianza con el PRD, lo cual no le conviene al PRD en lo absoluto. Una alianza con el partido panameñitas los sepultaría políticamente, aunque en política no hay sorpresas sino sorprendidos, pues en 2009 hubo alianza entre panameñitas y cambio democrático, que llevaron al poder a Martinelli y Varela. Y si nos vamos más atrás, en el 2003 cuando vi al partido popular (antes demócrata cristiano – estrella verde) aliarse con el PRD (su eterno archirrival desde los tiempos de la dictadura) y llegar al poder, y luego repetir esa alianza para el 2009, supe que todo es posible.

Las primarias de estos partidos de oposición sirvieron para ir tanteando el electorado dentro del partido, y ahora como esos candidatos irán a buscar los votos de los independientes. En el caso del PRD, se mostró más fuerte que nunca, luego de diez años fuera del poder, se vislumbran como una buena opción, con su candidato Laurentino Cortizo. También para demostrar que la campaña #NoAlaReeleccion afecto a muy pocos, para no decir casi ningún diputado.

Habra que esperar las primarias del partido panameñista, que tendrán lugar este 28 de octubre, para ver cómo queda definido todo para las elecciones generales del 2019.

La teología de la prosperidad y su impacto en la sociedad.

Publicado originalmente el 2 de julio de 2019.

Cuando hablamos de teología de la prosperidad, nos referimos al concepto que tienes que Dios quiere que seas millonario, y que tiene cosas grandes para ti, no obstante, para alcanzar todas esas riquezas, debes dar primero para poder recibir y tener fe. Este concepto se ha hecho cada vez más notable en las iglesias protestantes, donde los lideres les dicen a sus feligreses que Dios los hará millonarios y que, para eso, deben cumplir con dar el diezmo de manera regular.

El otro día veía yo un video donde una pastora de una iglesia protestante decía que iban a empezar a recoger las donaciones a partir de $1,000.00 en adelante y luego iban con los de $500.00. Aquellos que tenían menos de esas cantidades, debían esperar pues al parecer no eran tan importantes. La pastora hacía hincapié en que pronto esos que hacían cheques de $1,000.00 estarían haciendo luego cheques de $100,000.00 con lo que la gente se emocionaba y se animaba aún más a entregar su dinero. Con esto no quiero decir que este mal dar diezmo o limosna a la iglesia, usted al final es libre de hacer con su dinero lo que le plazca, lo que me parece interesante es como se vende ese concepto de que, para ser millonario, debes primero entregar lo que tienes, y si solamente das algunas monedas, todos se te quedan mirando cuan hombre ruin y mísero.

Es entendible que toda iglesia tenga sus gastos, por ejemplo, mantenimiento de instalaciones, suministro de energía eléctrica, salarios del personal, etc... lo que me parece inaudito es el exceso de lujos con el que viven todos estos líderes religiosos (sea protestante, católico o cualquier otra rama del cristianismo) cuando los feligreses hacen un sacrificio casi que sobre humano para poder ir a misa/culto. Sin contar el hecho que cuando vas a pedir ayuda a alguna de estas congregaciones, te dicen que hables con el pastor, y luego que vas donde el pastor, él te dice que te encomiendes a Dios.

Estas personas en su gran mayoría son de clase económica media baja y en algunos casos con bajo nivel de escolaridad, que busca un refugio en la palabra de Dios, y se encuentran con estos mercaderes de la fe. Llegue a esta conclusión, luego de ver que la gran mayoría de las iglesias protestantes están situadas en áreas de clase media baja.

¿A que nos lleva esto? A pensar que podemos comprar indulgencia como en la edad media o sentir

que la religión es como una inversión, donde yo le entrego $2,000.00 o $3,000.00 al pastor, esperando que luego Dios por arte de magia me triplicara o cuadruplicara ese dinero. En ese sentido, creo que primero uno debe levantarse cada día a trabajar por lo suyo, y Dios hará que recibas la justa recompensa por tu trabajo. Si aspiras a tener miles de dólares en tu cuenta bancaria, trabaja para ello, estudia y sé un hombre honorable y si eres un hombre que cree en Dios, él verá tu corazón y te recompensara. Y si no crees en él, pues no hay problema, vivimos en un país donde constitucionalmente existe la libertad de culto, de modo que no estas obligado a creer en lo mismo que los demás, y tampoco creo que una religión o asistir a una iglesia en particular te haga ser mejor que otro. Recordemos que Jesucristo predicaba el amor.

En conclusión, los líderes religiosos y espirituales deberían incentivar a las personas a prepararse académicamente, a ser personas que se competitivas en el ámbito profesional y, sobre todo, que sean emprendedores, con un alto sentido de honestidad y ética profesional. Las religiones no son malas, malos son los hombres que utilizan la religión como instrumento para la guerra o como instrumento para alcanzar poder económico y político.

Jorge Morales-Franceschi

La mujer, vista como mero objeto sexual y digno de mofa.

Publicado originalmente el 9 de marzo de 2019.

En un programa de televisión, cuya base es el tipo de humor negro, uno de sus reporteros hizo un comentario donde se incita a cometer algún tipo de violación sexual hacia una mujer en evidente estado de embriaguez, donde el sujeto dice expresiones fuera de tono como "culo dormido no tiene dueño" lo cual deja mucho que desear acerca de cómo es vista la mujer en la sociedad. Naturalmente que muchas personas se indignaron ante estos comentarios machistas, ahora bien, este mismo programa de televisión lleva muchos años al aire, y de hecho llegaron a hacer comentarios mucho peores, cámaras indiscretas y demás, peores que esto hace años atrás. Parece surreal que hace años muchos les causaba gracia este tipo de chistes de mal gusto que rayan en lo misógino. No me mal interprete, con esto no quiero decir que este bien hacer de la vista gorda ante estos sucesos, lo que hago hincapié es en el hecho que antes a la sociedad le parecía divertido y ahora rasgamos vestiduras de la indignación. En ese sentido, puedo decir con franqueza que hemos avanzado como sociedad, a tal punto que el sujeto salió a pedir disculpas por sus comentarios. Punto a favor de la lucha feminista, no obstante, aún falta más.

De cómo el patriarcado y el machismo intrínseco en Norte y Latinoamérica se apodera de la lucha feminista.

Es importante tener algo claro, y es que la lucha feminista es un movimiento político y social, de mujeres, por

130

mujeres y precisamente para mujeres. Algunos hombres si bien han tomado esta lucha como propia, lo cierto es que al final, terminan socavando por completo al movimiento, y es precisamente por su condición de hombres, aun no queremos admitirlo, en aras de ser política y socialmente correctos, la verdad es que el hombre en esta parte del mundo aún tiene mucho poder e influencias; para muestra un botón, en cada protesta donde hay hombres, los medios de comunicación y las personas en redes sociales, hacen más énfasis en el hecho que hay hombres participando, que en el hecho de la lucha per se, o en la esencia y sustancia del movimiento.

de modo que, aquel hombre que busque apoyar este movimiento de igualdad, debe hacerlo, pero desde su propia trinchera, y no invadir las marchas del movimiento. ¿Por qué hacerlo desde su propia trinchera? Por el simple hecho que su voz tendrá más efecto en aquellos que viven en el siglo XXI, pero con mentalidad del siglo XIX, pues lo ven como su igual.

Si eres hombre al igual que yo, y estas en pro de la igualdad de derechos, entonces lo que debes hacer es alzar tu voz cada vez que veas a un amigo, conocido o incluso un extraño en la calle, infiriendo algún tipo de improperio en contra de una mujer, levantarte en contra del acoso callejero y no ser partícipe de él, o incluso evitar quedarse callado ante tales vejámenes. Recordemos que este movimiento feminista no tendría razón de ser, si desde el principio el hombre hubiese visto a la mujer como su igual, como su compañera y no como un ser inferior que debía quedarse en casa a parir hijos.

Peor que un hombre machista, una mujer machista:

Y quizás muchas damas no quieran admitirlo, pero fueron criadas en el seno de un hogar machista, donde el hombre debe ser fuerte, el que provea las cosas en el hogar, y, sobre todo, que nunca exprese sus sentimientos. Es por eso por lo que, un hombre que quizás tenga otro tipo de crianza, digamos menos ortodoxa, se topa con una mujer que está acostumbrada a que el hombre sea el más fuerte, el que arregle todo o sea el *handy man*, y sobre todo que tenga más dinero, hay cierto conflicto. Porque en el mundo de hoy, hay hombres que no saben usar un taladro, de repente no gane tanto dinero o quizás no le guste la cerveza o los deportes. Y no por eso, deja de ser un hombre. Entonces, el machismo como tal, debe ser eliminado tanto de la mente de nuestros niños, como de nuestras niñas. En la medida que eduquemos a nuestras niñas que el hombre no siempre le gustaran los deportes, y que no siempre será capaz de reparar un mueble averiado, podremos decir que vamos pasos adelante. Hoy por hoy, yo personalmente conozco mujeres que reparan cosas en el hogar, les gustan los deportes y no por eso dejan de ser mujeres, entonces, seamos conscientes que el hombre tampoco deja de ser hombre, solo porque no cumpla con ciertos cánones establecidos por la sociedad de antes.

En resumen, si bien es cierto, hoy día la mujer ha alcanzado importantes conquistas en materia de igualdad (si lo comparamos con hace al menos 30 años atrás), es importante seguir trabajando para eliminar esa brecha que existe entre hombres y mujeres, que los crímenes por femicidio sean erradicados, que no se vea en una empresa que un hombre que hace exactamente el mismo trabajo que una mujer, gane más dinero, y, sobre todo, que la igualdad y el respeto sea en ambas vías.

Situación del Covid-19 en Panamá y el proyecto de ley 287.

Publicado originalmente el 13 de abril de 2020

La crisis que ha desatado la pandemia no solo en Panamá, sino a nivel mundial nos ha hecho reflexionar, y empezar a ver ciertos temas desde otras aristas.

A más de un mes del primer caso registrado de este virus en nuestro país, hemos notado en cada conferencia de prensa como las cifras de personas infectadas va en aumento al igual que la de fallecidos, mientras las medidas se fueron haciendo más y más estrictas con el pasar de las semanas, hasta llegar a la cuarentena total, y las salidas a comprar alimentos en horas según el último número de tu cedula o pasaporte, y en días específicos según tu sexo (este es otro tema polémico, que preferí dejar para otra ocasión). La pregunta clave seria ¿han funcionado todas estas medidas? Basado en las cifras y en las proyecciones que nos mostró en MINSA sobre qué hubiese pasado si Panamá no hubiese hecho absolutamente nada (+9000 mil casos) si lo comparamos con las cifras reales (+3400 casos) se puede decir que cumplió con su objetivo. Personalmente creo que habrá que esperar un par de días más para ver resultados concretos. De modo que, si usted es de esas personas, a las que el encierro le está desquiciando, tenga paciencia, y tómelo con calma, porque quizás esto vaya para largo.

Y si esto va para largo, ¿Cómo queda el comercio local? ¿los empleos? ¿Los compromisos adquiridos por esas personas, que ahora no están devengando un salario? En

133

respuesta a eso, la asamblea nacional de diputados aprobó en días pasados, el polémico proyecto de ley 287, que establece una moratoria de 90 días (retroactivo) a todos aquellos que posean tarjetas de crédito, préstamos personales, comerciales e hipotecarios (ya sea por pago voluntario o descuento directo), así como prestamos de auto, agropecuario y prendario, alquileres y se complemente con otra ley aprobada para moratoria de servicios públicos.

Si vemos el panorama internacional, en efecto otros países han tomado el mismo camino, no obstante, hay algo que diferencia a Panamá de esos otros países, y es lo que pasare a analizar.

Tomaremos como base el ejemplo de El Salvador, un país que no tiene el PIB que tiene Panamá, ni el presupuesto ni el sistema de Salud, y su presidente consiguió una moratoria de compromisos bancarios y servicios públicos. Esto es solidaridad hacia aquellos que, en definitiva, no pueden pagar porque tienen que comprar alimentos, pero ¿son realmente todas las personas en Panamá las que no pueden pagar sus compromisos? Estuve investigando por varios días sobre esto y conversando con expertos en finanzas, y la verdad es que no existe una cifra real de cuantas personas en verdad, no están en la posición de hacerle frente a sus compromisos financieros.

Quizás mucha gente no lo sepa, pese a que es un estándar internacional este negocio de los bancos, funciona de la siguiente manera: por cada dólar que el banco otorga (mediante tarjeta de crédito o préstamo de cualquier índole), utiliza 0.90$ del dinero de los ahorristas (cuenta habiente) y tan solo 0.10$ de su capital. Imagines que tan solo por un mes, el sistema bancario dejase de percibir el pago de

134

compromisos, simplemente esos ahorristas no tendrían manera de cómo obtener su dinero en efectivo si así lo quisieran, la pregunta es, ¿Por qué? Simple, a diferencia del El Salvador, Panamá no tiene un banco central de respaldo, que sea capaz de imprimir papel moneda para poder inyectar flujo de caja a la economía (recordemos que utilizamos el dólar de Estados Unidos). ¿Cómo entonces el país seguirá funcionando sin el movimiento de dinero que trae consigo el pago mensual de deudas a los bancos? Muy probablemente algunos dirán, es que tu estas a favor de los bancos y las financieras, la verdad estoy a favor que la economía se siga moviendo, y deteniendo el flujo de caja, no veo como, sumado al hecho que los centros comerciales están cerrados, las tiendas e incluso algunos restaurantes. Esto entonces, en el escenario más pesimista, traerá consigo una serie de medidas económicas estrictas, como un límite de dinero en efectivo que podrás retirar de tu cuenta bancaria, o incluso la escasez de papel moneda y un posible colapso del sistema bancario.

Creo que ya ven entonces por que el presidente aun no sanciona el proyecto de ley. ¿Sera que tal vez el remedio resulta peor que la enfermedad? Saque usted sus propias conclusiones.

En general, pienso que la intensión de la ley es buena, sin embargo, debe regularse específicamente, quienes se acogerán a dicha moratoria, y poder validar el número exacto de personas que verdaderamente tienen su contrato de trabajo suspendido y no pueden pagar, con el objetivo de evitar así la astucia de algunas personas, de evitar el correspondiente pago de sus obligaciones, cuando están devengando igual o mayores ingresos que antes de la pandemia.

Seamos solidarios y si está dentro de nuestras posibilidades, el pagar a tiempo nuestros compromisos, hagámoslo, y si está en nuestra posibilidad, ayudar a alguien que quizás no tenga la posibilidad siquiera de comprar alimentos, démosle la mano. En los momentos de crisis, es donde verdaderamente ser ve el nacionalismo y el apoyo al prójimo.

El tiempo no pasa en vano.

Publicado originalmente el 26 de agosto de 2011.

Un día eres joven, y al día siguiente estas en el supermercado escogiendo que suavizante de ropa comprar. Seguramente muchos habrán visto ese meme en redes sociales, y habrán reído con el mismo, sin embargo, dicha frase tiene una connotación mucho más profunda de lo que hemos pensado, esa frase "un día eres joven…".

El tiempo pasa, y el camino hacia la vejez se hace inevitable, y con ella la sabiduría que solo se adquiere, con los años y las experiencias vividas, bien dice el refrán ese que nadie experimenta por cabeza de otro, salvo algunas excepciones, muy excepcionales. Es aquí donde radica la importancia de vivir cada día, un día a la vez, y comprender que, cada experiencia de la vida es un aprendizaje constante, que muchas veces estaremos afligidos porque las cosas no salen como queremos, y que también habrá veces que estaremos felices, por situaciones que no esperábamos, y tanto esos momentos buenos, como aquellos malos, forman parte de las experiencias.

Es importante también, ser consciente que a veces, el pasado no perdona, y que muchos de los errores cometidos en el pasado, te han de perseguir por el resto de la vida, y es precisamente ahí la importancia de siempre tomar las decisiones más importantes con la cabeza fría, pensar bien las cosas, y en la medida de lo posible, pedir consejo. Dicen que el que más consulta, menos se equivoca, aunque algunos digan que entonces el que menos se equivoca, entonces carece de experiencia para dar un consejo. No es necesario salir en plena cuarentena y enfermarte, como para saber que, si te enfermas podrías morir, por poner un ejemplo en la situación actual.

Un día te levantas, y vas a todos los lugares que usualmente frecuentas y llegas corriendo, y cuando menos lo esperas, en un abrir y cerrar de ojos, han pasado los años, y a esos lugares donde antes llegabas corriendo, ahora llegas caminando, despacio. A paso lento, pero firme; has llegado a la madurez, al nivel leyenda ese, que supone este juego de la vida. La parte más difícil de eso es llegar a ese momento, y sentir que el tiempo paso en vano, que los mejores años de vuestra vida han pasado, y que no hiciste nada positivo y/o productivo. La verdad es que el tiempo pasa tan rápido, y vivimos postergando aquellas cosas que siempre hemos querido hacer, so pretexto que tenemos toda una vida para hacerlas o, mejor dicho, todo el tiempo del mundo, cuando en realidad no es así, por eso es imperante, de aprovechar cada segundo al máximo, emprender todos aquellos proyectos que desde hace tiempo queremos hacer, pasar tiempo con esas personas que amamos, y, sobre todo, pasar tiempo en reflexión con uno mismo. Recuerda que el cementerio está lleno de buenas ideas que nunca se llevaron a cabo, y de muchos "te amo" que nunca se dijeron, y que luego fue demasiado tarde.

El tiempo no pasa en vano por nosotros, somos nosotros los que pasamos en vano por el tiempo. En ti particularmente esta, si deseas pasar por el tiempo en vano o no.

Y, por último, hay quienes dicen no tener tiempo, para darle tiempo al tiempo, no obstante, hay quienes requieren tiempo, para darse cuenta, que ni el tiempo ni los años,

138

pasan en vano. Y que siempre ha de ser mejor, tomarse el tiempo necesario, sin desperdiciarlo desde luego, para hacer y decir, pues más que el tiempo, el principal enemigo que tenéis, es la falta de acción y la mediocridad.

Jorge Morales-Franceschi

El significado de la ironía.

Publicado originalmente el 7 de julio de 2020.

En los tiempos de la antigua Roma, la ironía como tal era empleada en apoteósicos discursos y en ciertas conversaciones retoricas, en las cuales, las palabras utilizadas, eran precisamente opuestas a su significado.

Etimológicamente, el concepto de ironía proviene del sustantivo griego εἰρωνεία eironeia = "disimulo, ignorancia fingida". En griego (recordemos que Grecia fue parte el Imperio Romano y de allí viene el hecho que era muy utilizada en Roma), este sustantivo es un deverbativo de εἰρωνεύομαι "hacerse el ignorante", que a su vez procede de εἴρων "eiron" = "disimulado, que disimula". En el contexto actual de la palabra "ironía", depende de su evolución semántica a través del latín medieval, especialmente del sentido que tenía como término retórico y como término filosófico.

Existes distintos tipos de ironía, las cuales son:

Ironía Socrática

Ironía Literaria o tan bien llamada trágica

Ironía Verbal

Ironía Explicita

Ironía Cómica

La ironía cómica, que dicho sea de paso es muy utilizada por algunos comediantes de humor blanco, se entiende

140

como una contundente incongruencia aguda entre las expectativas de un suceso, y lo que en realidad sucede. Si algunos son asiduos fanáticos de los memes en redes sociales, sabrán a que me refiero con esto. Un ejemplo más claro de esto es que vayas al Burger King y te digan "joven no hay whopper" o que una oficina gubernamental encargada de combatir el desempleo, termine dejando a varias personas sin empleo por la pandemia.

El tipo de ironía que muchos conocen y el que más la gente pone en práctica, es la ironía verbal, la cual hace alusión a una comparación entre el pasado negativo y el presente en positivo, o bien viceversa. Verbigracia de esto sería una mujer que antes despreciaba a aquel muchacho que la amaba con locura, y ahora que ella esta perdidamente enamorada de ese muchacho que antes despreciaba, resulta que ahora el ya no la quiere. Otro más concreto seria, un negocio de mensajería que afrontaba problemas, y ahora el mismo negocio le va mejor que nunca (producto de la pandemia quizás, pero no deja de ser irónico).

Las definiciones del resto de las ironías, pueden encontrarlas en diversos sitios web, así como en libros de filosofía y lógica.

La RAE define a la palabra ironía como una Burla fina y disimulada, o en sentido figurado, una expresión que da a entender algo contrario   o   diferente de lo que se dice, generalmente como burla disimulada. En otras palabras, al igual que el sarcasmo, la ironía es parte del sentido del humor de la gente inteligente, por así decirlo.

Aunque hay algunas personas que cruzan la delgada línea de lo irónico, y caen en lo absurdo.

Ahora bien, quizás nada de lo antes expuesto tenga sentido, así que me iré a una definición más cruda de lo que es la ironía.

Ironía es, amar a una mujer con tanta fuerza e intensidad, y no poder estar con ella precisamente por ser tú mismo, cuando se supone que, en asuntos del amor, es importante ser uno mismo. Ironía es haber dado lo mejor de ti por muchos años para sacar a tu familia y tu negocio adelante, y que precisamente por ese ímpetu de ayudar a los demás, te involucras en la política, y eres criticado y tildado de incompetente, pese a tener muchos logros tanto en el ámbito familiar, como en administración pública.

Ironía es, criticar y juzgar a una persona que pasa por un momento difícil, y resulta que, al cabo de un tiempo, te toca a ti pasar por lo mismo, y te indignas cuando otras personas te juzgan y te critican, sin embargo, no recuerdas cuando también lo hacías. De aquí viene el refrán coloquial que esboza "Al que al cielo escupe, en la cara le cae" o de otra forma, "Nunca escupas para arriba, porque te puede caer en la cara".

En resumen, la vida da muchas vueltas, y cuando menos lo esperes, te encontraras envuelto en medio de una ironía.

¿Qué son realmente "anomalías democráticas"?

Publicado originalmente el 17 de agosto de 2020.

Muchos politólogos consideran las elecciones de Jair Bolsonaro en Brasil, y de Donald Trump en USA como "anomalías democráticas", un término empleado para referirse a todo resultado electoral inesperado, y prácticamente imposible de predecir mediante encuestas. Ahora bien, para dar tal afirmación, es más que obvio que se desconoce por completo la situación política, económica y social de dichos países, que llevaron a estos señores al poder. Por ejemplo, en Brasil, venia de un gobierno nefato de Dilma Rousseff (quien dimitió al poco tiempo de haber sido reelecta para un segundo mandato por la presión popular y muchos escándalos) y fue sucedida por Michel Temer, que tampoco no era ningún angelito de la guarda, entonces ese fracaso de la izquierda liderada por el partido de los trabajadores, llevo fácilmente a Bolsonaro al poder. Habría que ser realmente ignorante o utilizar poco sentido común para haber visto venir eso.

En Estados Unidos ocurrió algo muy particular, muchas encuestas por allá por inicios del 2016 daban a Hillary Clinton como la ganadora indiscutible de la elección, sin embargo, muchas de esas encuestas no tomaban en cuenta el sentir y el descontento de ciertos sectores de la población en Estados Unidos hacia muchas políticas de Obama, y si a eso le suma el hecho que Hillary y su esposo tenían demasiada cola que le pisaran, además, el hecho que al presidente se escoge por medio de colegios electorales y no por voto popular.

Este caso particular, era necesario verlo con ojo muy crítico para poder prever que la victoria de Trump seria indiscutible. La parte irónica de este asunto es que todo aquello que le favoreció en el 2016, ahora le perjudica para llegar a reelegirse en noviembre, a menos claro que ocurra algún suceso muy trascendental que logre mover la intención de voto, un suceso como encontrar la vacuna al covid-19 o un conflicto bélico causado por algún supuesto atentado terrorista (en esto último los republicanos son especialistas).

Sucesos trascendentales que cambien la intención de voto pueden ocurrir, paso en España en el 2004 con los atentados terroristas del 11 de marzo, la opinión pública se mantuvo a que Aznar era responsable indirecto de tan fatídico suceso, pues recordemos que, durante su administración, España entro a cuanto conflicto bélico internacional pudo, por eso es conocido como "el presidente de la guerra". Aquí vino entonces el PSOE y Zapatero, y nuevamente llega la izquierda al poder. Lo que pasó luego, es historia.

En el espectro político panameño, hemos tenido dos verdaderas anomalías democráticas, y una seguida de otra, la primera tuvo lugar en el año 2004 con la llegada al poder de Martin Torrijos, un hombre que si bien, era el hijo del general Omar Torrijos, recordemos que era producto de una relación extramarital además que su madre era de estrato social humilde. Quizás usted no lo vea como la gran cosa, pero si investiga detenidamente en la historia republicana, se dará cuenta que tanto antes, como después del proceso revolucionario, los presidentes siempre han sido personas de alto poder económico, y miembros distinguidos de la aristocracia local. Y esto nos lleva a la elección del 2009, donde un hombre con carisma, como Ricardo Martinelli, le dio una aplastante derrota al todo poderoso PRD con sus más de 700 mil

144

adherentes. Entendamos que la derrota del PRD en esta elección se veía venir, la anomalía vino, al hecho de que se diera frente a un candidato como Martinelli, que logró una alianza con el partido panameñista (que muchos tampoco vieron venir), alianza que dicho sea de paso se terminó en el 2011 y llevo a que hoy día tanto Varela como Martinelli sean enemigos acérrimos. Y pese a los innumerables escándalos de corrupción durante su administración, Martinelli es un sujeto que goza de mucha aceptación popular, y no es de sorprenderse que quizás en el 2024 vuelva a ser candidato.

Otros lugares donde se han dado anomalías democráticas han sido sin lugar a duda en Paraguay con la elección del obispo Fernando Lugo, y en El Salvador con Nayib Bukele. El caso de Paraguay es realmente lamentable, pues esos mismos que apoyaron a Lugo, se confabularon años después en la asamblea para destituirlo por supuesto mal desempeño en sus funciones; hecho que fue repudiado por muchos países de la comunidad internacional. En el caso de Bukele, de momento cuenta con mucha aceptación popular, mas no así con el apoyo algunos miembros del parlamento y algunos empresarios, además de tener algunas intervenciones en redes sociales que realmente dejan ver que lo que le falta de estadista y demócrata, le sobra en autoritarismo.

Toda anomalía democrática vendrá acompañada de algún suceso trascendental, impredecible, y que, de último momento, cambió todo el panorama, o un momento de despertar del letargo por parte de los votantes, lástima que ese despertar no siempre sea para bien.

Jorge Morales-Franceschi

Matrimonio igualitario en Panamá.

Publicado originalmente el 4 de octubre de 2020

Empezaré este escrito definiendo la palabra 'matrimonio' según el diccionario de la real academia de la lengua española:

1. m. Unión de hombre y mujer, concertada mediante ciertos ritos o formalidades legales, para establecer y mantener una comunidad de vida e intereses.

2. m. En determinadas legislaciones, unión de dos personas del mismo sexo, concertada mediante ciertos ritos o formalidades legales, para establecer y mantener una comunidad de vida e intereses.

Ahora bien, yo como filólogo, me iré un poco más allá, y le indicare la etimología de esta palabra, que proviene del latín *matrimonium*. Esta voz, en su origen, se encontraba formada por las raíces latinas *matr-*, procedente del vocablo latino *mater, matris*, que significa 'madre', y por el elemento *-monium*, que se empleaba para designar actos rituales o jurídicos.

Etimológicamente la palabra matrimonio hace referencia al estatus jurídico de una mujer casada, a la maternidad legal de esta, al derecho de ser la madre legítima de los hijos de un hombre, y a todos aquellos derechos que a partir de esto se derivaban para la mujer en la Antigua Roma.

Cabe destacar que, en latín, la unión legítima de una pareja no recibía el nombre de *matrimonium* sino de

146

connubium. La palabra *matrimonium* evolucionó en el español para convertirse en la forma por excelencia para designar la unión de dos personas, ante Dios o ante la ley, a través de una serie de formalidades, para que mantengan una vida común y formen una familia. Es cierto que la palabra no es una marca registrada de ninguna iglesia y/o religión, no obstante, la etimología es clara.

Habiendo aclarado eso, utilizar el concepto de ´matrimonio igualitario´ es incorrecto, pues de acuerdo con el origen del término *per se*, era meramente con fines reproductivos, de modo que, en adelante, nos referiremos a 'unión civil igualitaria' en este artículo.

Es irónico que aquellos que dicen ser pro familia y apoyar la institución del matrimonio como tal, no salen a las calles a exigir la penalización del divorcio, pues más que la unión civil igualitaria, el mayor enemigo del matrimonio como institución, es precisamente el divorcio. Es un chiste de muy mal gusto ver abogados, cuyo negocio por muchos años ha sido divorciar parejas, hablar que el matrimonio y la familia se respeta. Es importante resaltar que no son todos, pero si la mayoría; o al menos, los que hacen más ruido en el acontecer nacional.

Ahora bien, en lo personal conozco personas que se han quedado junto a personas que no aman, simplemente por preservar este concepto idealizado (de naturaleza religiosa en su gran mayoría) del matrimonio y de la familia, a costillas de su propia felicidad. Se entiende y se les respeta. En ese sentido, por lo que he podio investigar, el movimiento LGBTQ+ no busca el reconocimiento por parte de la iglesia (de la religión que fuese) de una unión entre dos personas del mismo sexo, solo buscan que el reconocimiento ante la ley y que dichas parejas tengas exactamente los mismos derechos que una pareja heterosexual. Muchas dirán que quizás esos derechos civiles, o en el tema de herencia y demás, se puede resolver con algún tipo de contrato o documento legal, sin embargo dichos tramites hoy por hoy soy demasiado costosos y en este sentido, estaríamos ante una flagrante discriminación hacia las parejas del mismo sexo, cuando la constitución de la república de Panamá en el capítulo I 'garantías fundamentales', articulo 19 esboza de manera taxativa 'No habrá fueros o privilegios personales ni discriminación por razón de raza, nacimiento, clase social, sexo, religión o ideas políticas´.

Entonces, ¿Por qué mezclar un tema religioso con una cuestión meramente legal? Usted al igual que yo podría no estar de acuerdo con el hecho que dos personas del mismo sexo convivan como pareja, por considerarlo que va en contra de los perceptos religiosos con los que fue educado, sin embargo, como ciudadanos debemos ser conscientes que los derechos humanos y las garantías fundamentales, van por encima de cualquier pensamiento individualista o dogma. Me parece realmente desatinado por parte de la iglesia católica, emitir opiniones en relación con este tema, cuando Jesucristo predicaba el amor, pareciera ser que los líderes religiosos locales promueven más la desunión y el odio. Jesucristo amaba al pecador, mas no así al pecado.

Al igual que el Papa Francisco I, yo siento que Dios no necesita ser defendido por nadie, y menos en redes sociales o medios de comunicación, tampoco creo que esté de acuerdo con que su nombre sea usado para infundir el terror en otras personas no creyentes (si se hizo antes o se sigue haciendo por algunas personas que dicen ser creyentes, eso debe parar inmediatamente). Las religiones no pueden ni

148

deben, ser utilizadas para incitar a la violencia, al extremismo o al fanatismo ciego. Vuelvo y repito, el hecho que esto exista aun en este tiempo coyuntural, no quiere decir por nada del mundo que sea lo correcto.

Otro de los argumentos que he podido ver de aquellos que se manifiestan en contra de la unión civil igualitaria, es que se trata de un mal ejemplo para los niños, y que crecerán pensando que es normal amar a otra persona del mismo sexo, este pensamiento desfasado no es más que el reflejo de una desconexión total de lo que pasa en el mundo, pues esos homosexuales que hoy salen a las calles a exigir igualdad, nacieron y se criaron en un hogar tradicional y religioso, entonces, ¿Dónde estuvo la 'falla'? Por eso siempre he dicho que antes de debatir en un tema tan importante, hay que investigar y razonar de manera coherente. Que no les pase como algunos políticos que andan pasando pena en Twitter.

¿Estoy a favor de la unión civil igualitaria? En realidad, estoy a favor que todo ciudadano sea tratado por igual ante la ley y que no exista discriminación DE NINGUN TIPO, los derechos humanos y garantías fundamentales no son debatibles, y sinceramente deja mucho que decir acerca de nuestro país, que la comisión interamericana de derechos humanos, deban exigirles a nuestras autoridades que fallen en estricto apego al derecho, y a los convenios internacionales que Panamá se comprometió a cumplir.

Jorge Morales-Franceschi

El apego irracional a los subsidios.

Publicado originalmente el 13 de diciembre de 2020.

He estado leyendo muchas voces de protesta, con relación al reciente decreto ejecutivo, donde el presidente Laurentino Cortizo modifica un decreto emitido a inicios de la pandemia, y exceptúa del vale digital de 100.00$ mensuales, a los menores de 25 años que son dependientes. Si bien es cierto, de momento nos enfrentamos ante una situación excepcional, donde dicho subsidio resultaba ser de gran ayuda para muchas familias, debemos ser conscientes que, en un país como Panamá, donde hoy por hoy, tenemos un sin número de comercios quebrados, personas con contrato aun suspendido y una recaudación de impuestos por el piso, hace insostenible a largo plazo un subsidio de esa naturaleza. Tanto, o más insostenible que, el crecimiento económico del 11% durante el gobierno del señor Martinelli.

Ahora bien, en realidad estamos enfilando los cañones hacia la dirección equivocada, porque al final del día, 100$ mensuales para una familia de cuatro o seis integrantes, es poco. En lugar de alzar la voz en señal de indignación por la eliminación de este subsidio, deberíamos exigir más y mejores oportunidades de desarrollo para aquellos jóvenes menores de 25 años que aún están en casa con sus papás. ¿Estamos fomentando el emprendimiento? ¿hay algún tipo de incentivo para las empresas que, en tiempo de pandemia, están contratando personal para teletrabajo? ¿hemos mejorado la calidad de la educación para que los jóvenes salgan mejor preparados?

Normalicemos el exigir las herramientas para ser exitosos, en lugar que un gobierno haga todo por nosotros.

Siempre he sido enemigo acérrimo de los subsidios a largo plazo, porque no siento que regalarle las cosas a alguien sea la solución a sus problemas, por el contrario, creamos parásitos del gobierno, y fortalece más el clientelismo político. Antes bien, procuremos que la educación y el acceso a oportunidades de trabajo dignas, sean un derecho, y no un lujo o una necesidad. Los derechos humanos ni se pelean, ni se discuten.

Jorge Morales-Franceschi

Tan lejano y a la vez tan cercano.

Publicado originalmente el 7 de febrero de 2021.

La muerte, parece ser un tema que muchos tratan de esquivar, aun cuando sabemos que es inminente, preferimos pensar en un futuro mejor, en positivo, al fin y al cabo, ¿Qué sentido tendría levantarme siquiera de la cama, sí sé que he de morir?

Vemos la muerte como algo tan lejano, y a la vez tan cercano, como las hojas que caen de los árboles en estación seca, o como el cielo nublado que vemos a lo lejos, cual indicativo que esta por llover; cuando estamos en estación lluviosa. Al final, nunca estamos preparados para ella, sino hasta el momento que le tenemos cara a cara.

Desde que empezó la pandemia Covid-19, muchos médicos especialistas predijeron que, de darse un mal manejo de esta, llegaríamos a ver a muchos conocidos y familiares fallecer ante esta funesta enfermedad, nuevamente algo tan lejano, pero a la vez tan cercano. Al escuchar esas declaraciones en los medios, un tanto fatalistas tomando en cuenta que Panamá tuvo desde el principio, medidas extremadamente estrictas (que incluso rayaron en lo absurdo) para mitigar los efectos de la pandemia.

¿Qué tan preparado se puede estar para sobrellevar este tipo de situaciones? La verdad es que nunca, ni en el peor escenario posible, se puede estar preparado para ver morir a alguien con quien compartiste tantos momentos: alegrías y tristezas, triunfos y fracasos.

Hace algún tiempo atrás, escribí algunas líneas sobre la ironía, y creo que este sería otro ejemplo que calza muy bien a la situación, imagine vivir por veintisiete años con una enfermedad que no tiene cura y que requiere un tratamiento periódico para estar bajo control, haber sobrevivido a toda clase de enfermedades, que dada la condición pudieron ser letales, y aun así sobrevivir a todo ello, y que sea precisamente esta pandemia, lo que le haya llevado a la muerte. Imposible es hoy, no pensar que, de no ser por la pandemia, muchos años más le quedaría de vida.

Vituperio hacia el destino, cual niño que llora cuando sabe que se ha portado mal y que le van a regañar, no es más ni menos importante que, ese sin sabor de experimentar, la pérdida de un ser querido. Y son muchos, los que muy probablemente estén experimentando esa sensación en este momento, que ni tintero, pluma y papel, habría en el mundo suficiente, para poder describirlo en letras, y hablarlo a viva voz mucho menos, pues le hiciera un nudo en la garganta.

Y aun si te dijeran, con ese ímpetu que caracteriza a los optimistas olímpicos, que todo estará bien, que ahora está en un mejor lugar, y que las personas solo fallecen cuando las borramos de nuestra memoria, al final solo queda el regocijo de los buenos momentos, y esa sensación, que, de no ser por esta pandemia, hoy todo sería igual que antes.

En este punto, de la vida comprendida; tanto o más aflige, la empatía que la indiferencia, dependiendo de quién estemos hablando.

Jorge Morales-Franceschi

Mi derecho inalienable a finalmente poder descansar.

Publicado originalmente el 17 de enero de 2021.

Y al romper el alba, miró al cielo y se dijo "mi hora ha llegado", y entra a casa y se recuesta sobre el sofá. Y se acaban los años de sufrimiento y agonía, finalmente. Imagínese usted librar una batalla sin cuartel contra una enfermedad terminal, ser desahuciado por sus médicos, y no le quede más remedio que sentarse a esperar lenta, y dolorosamente, que el momento de partir llegue. ¿Cómo es posible que en pleno siglo XXI donde tenemos tantas normativas internacionales para salvaguardar los derechos humanos, aun sigamos sometiendo a aquellas personas con enfermedades terminales a un funesto calvario antes de morir?

Lo irónico es que, si usted se encuentra en estado de coma y conectado a un soporte vital, el familiar designado tiene la potestad de autorizar que usted sea desconectado, dando así por terminada su vida. ¿Qué de diferente tendría entonces, si yo con una enfermedad terminal, indico claramente el deseo de dar por terminado mi suplicio? ¿Acaso vale más la opinión de otros que del mismo enfermo? Muchos dirán que el escenario es diferente, por el hecho de estar inconsciente, pero la verdad es que, en ambos casos, el final es el mismo. La muerte en su más cruda y frívola expresión.

Dicen que el ser humano tiene un instinto de supervivencia, más aún en condiciones extremas, pero llega un punto de quiebre para cualquier persona, y para mí eso sería entendible.

Solo 7 países en el mundo (al 2021) es legal la eutanasia y esos son: Países Bajos, Bélgica, Luxemburgo, España, Colombia, Canadá y Nueva Zelanda. En Portugal fue aprobado por la asamblea nacional, pero vetado por el tribunal supremo constitucional y por el propio presidente de la república.

¿Quiénes somos para decidir sobre la vida de alguien más? En la tradición cristiana, dice que solo Dios es capaz de quitarle la vida a alguien y condena con mucha vehemencia el suicidio y el asesinato, ¿Por qué entonces no consideramos asesinato a una persona que está conectada a un soporte vital y es desconectada por sus familiares? Naturalmente porque esa persona ya falleció, en teoría, al igual que un paciente con un cáncer metastático que ha sido desahuciado por el Hospital Oncológico de nacional de Panamá.

Jorge Morales-Franceschi

La cuestión del aborto.

Publicado originalmente el 30 de marzo de 2019

Cuando nos referimos al aborto en este escrito, hablo de la decisión que toma una mujer, y que no guarda relación con motivos de salud ni por violación, de dar por terminado un embarazo. Es un tema algo controvertido, y por lo que veo, hay más matices religiosos e ideológicos, que de ciencia o de garantías fundamentales. Y si, hablamos de garantías fundamentales, porque precisamente es el Estado, quien debe velar por la salud (tanto física como emocional) de las mujeres. El aborto ha existido desde tiempos ancestrales, y seguirá existiendo por muchísimos años más, de modo que, en ese sentido, carece de lógica una prohibición legal hacia una práctica que, de una manera u otra, se seguirá haciendo.

De acuerdo con cifras de la OMS, son muchas las mujeres en Latinoamérica, que mueren cada año producto de abortos realizados de manera clandestina, ¿qué están haciendo nuestros gobiernos para evitar eso?

Y si, al igual que muchas personas, usted dirá que, para evitar llegar a una situación de aborto es mejor la utilización del sin número de métodos anticonceptivos disponibles en el mercado, aun cuando bien sabido es, que muchos de ellos no son cien por ciento seguros, con lo cual las opciones se reducen a una abstinencia. Porque a problemas que tendemos a considerar complejos, brindamos soluciones prácticas, sin importar que dichas soluciones vayan en detrimento de otros factores igual de importantes en el desarrollo de un individuo.

¿Estoy de acuerdo o apoyo el aborto? Reducir lo escrito a la siguiente pregunta, resulta una valoración bastante mediocre y misógina hacia un tema que tiene varias aristas, sin embargo, le puedo decir que estoy a favor de que los

156

gobiernos cumplan con la función de salvaguardar la vida de todas las mujeres. En ese orden de ideas, no creo que mi postura pudiera interpretarse como ambivalente.

En el momento en que una mujer siente la necesidad de recurrir a métodos ortodoxos para dar por terminado un embarazo, poniendo en riesgo incluso su propia vida, podemos decir con franqueza que estamos viviendo en un estado fallido, aun si esta fuere una decisión totalmente unilateral.

Jorge Morales - Franceschi

Jorge.moralesfranceschi@gmail.com

@jorgemf_11

Nace en la ciudad de Panamá, la tarde del martes 11 de junio de 1991. Cursó estudios de bachiller en ciencias en el prestigioso instituto José Dolores Moscote. Siempre se destacó como alumno ejemplar. Posteriormente ingresa a la universidad tecnológica de Panamá a cursar estudios de ingeniería civil. Posee además estudios en corrección, variaciones y estilos del idioma, además de in diplomado en fundamentos de escritura academia.

Comenzó a escribir a la edad de catorce años algunos poemas y pensamientos.

El ensayo y la poesía siempre habían sido su predilección a lo largo de su adolescencia.

El 24 de diciembre del 2014 a las seis de la tarde, anuncia a través de sus redes sociales la publicación (de manera independiente) de su libro "A Quien Ama Las Emociones", un completo giro de ciento ochenta grados en su carrera como poeta y ensayista, pues incursiona en el género "cuentos" con esta obra; se trata de cinco historias donde predominan el amor, la fantasía, el suspenso, el romance, pero sobre todo la crítica hacia una sociedad y un sistema claramente en decadencia.

Adicional tiene un blog donde periódicamente publica artículos de opinión y ensayos sobre diversos temas de cultura general, así como algunos fragmentos más destacados de sus obras.

Seguido están, su primera novela "Un Inmigrante en tu corazón", que narra como el amor puede ser mucho más fuerte que las vicisitudes de la vida y el poemario "Te enamorarías de mí", su primer libro de poemas, que también incluye el cuento "Memorias de un amor en tiempos modernos". Con estas obras, consolida su versatilidad dentro del mundo literario contemporáneo.

Obras publicadas

—Pensamiento y Filosofía 2011 (Ensayo) *descatalogado*

—A Quien Ama Las Emociones 2015 (cuentos)

—Un Inmigrante En Tu Corazón 2015 (novela)

—Te enamorarías de mi 2016 (poemas)

—Te enamorarías de mi—Edición Especial 2016 (poemas)

—El Amanecer Injusto 2018 (novela)

—A Quien Ama Las Emociones II 2020 (Cuentos)

—Desde Mi Blog 2021 (Artículos/Ensayos)

Índice